話 丑《うし》

加藤 一 編著

竹書房
怪談
文庫

※本書に登場する人物名は、様々な事情を考慮してすべて仮名にしてあります。また、作中に登場する体験者の記憶と体験当時の世相を鑑み、極力当時の様相を再現するよう心がけています。現代においては若干耳慣れない言葉・表記が登場する場合がありますが、これらは差別・侮蔑を意図する考えに基づくものではありません。

彫刻　平野太一
ドローイング　担木目鱈

巻頭言

加藤　一

怪談は語られるものである。そして怪談は拾われるものである。

巷間にあってそれは噂話として或いは又聞きの話として誰かの口の端に上り、それをまた別の誰かが聞き及んで、いったいそれはどうしたことだと食い下がり掘り下げる。

自身の奇譚を稀有な体験として、嬉々として語る話者もいる。

身内の恥として、頑なに口を開こうとしない話者もいる。

自身の記憶違いや正気を疑われることを恐れ、周囲を窺《うかが》いながら小声で話す話者もいる。

墓まで持っていくつもりの秘密を一人で抱え込むことに耐えかねて、思わず漏らしてしまう話者もいる。重すぎる記憶を背負う仲間、或いは記憶の共犯者を求めてそうする。

怪談著者は、怪談を記す者であると同時に怪談を聞く者、記憶の襞《ひだ》に埋もれた恐怖をまじまじと見つめ、拾い集める者である。

「超」怖い話がその産声を上げたのは、一九九一年。そして本作、『「超」怖い話　丑《うし》』でついに三十周年を迎えた。

怪を語って三十年。怪を拾って三十年。老舗の怪をば御覧じろ。

目次

真実

子供の頃、むつみさんは変なものをよく見ていた。

それは顔である。

色々な大人の肩越しに、知らない顔が浮いているのだ。

頻度は偶《たま》に、くらいだろうか。老若男女、様々な顔つきだった。

そして、それぞれに見える顔は常に変わらない。

近所のおばさんにはいつも決まった女の子の顔が、裏の老人には凜々《りり》しい男子学生が、と組み合わせが決まっていた。

それらの顔はいつも彼女を見下ろすように見つめていた記憶がある。

とはいえ恐ろしさは微塵《みじん》も感じず、逆に親近感さえ抱いていた。

親戚の叔父さんの後ろに浮く顔が、特に好きだったことを覚えている。

着せ替え人形のように可愛い顔立ちだったからだ。

明るい髪の毛で目がぱっちりと大きい。今考えると西洋人の血筋が混じったような、十代後半くらいの美少女だった。

だから、叔父さんが来る度に喜んではその傍で過ごしていた。

もちろん親や叔父さんにその理由を話している。最初は驚かれたような気がするが、すぐに信じてくれた。

何故なら、その少女に該当する人がいたからだった。

叔父さんが若い頃、海外へ留学していたときに出会った人ではないか、と。

今は連絡できなくなったが、とても美しい人だったらしい。

「もしかしたら（亡くなっていて）僕を見守ってくれているのかな？」

そんなことを言いながら、叔父さんが涙ぐむのを何度か見たことがある。

これらは、むつみさんが小学校へ上がった頃の話である。

――のだが、大人になった現在、それが記憶違いであることが分かった。

むつみさんが顔を見ていたことは両親が覚えている。

ただし態度が違う。

顔を見て喜ぶことは一度もなかった。更に目撃する度「かおがいるよう、かおがいるよう」と毎回泣いていた、らしい。

特に母方の叔父さんには酷い拒否反応を示した。

「うしろのおんなのこ、おこってる」

そう言っては絶対に叔父さんに近寄らなかった。

自分の記憶とは完全に違うことに、彼女はショックを受けた。

では、留学先の話も記憶と違ったのかと親に訊ねると、何かと口を濁す。

叔父さんは欧米へ留学したことは確認できたが、それ以外は分からない。


その叔父さんは、むつみさんが十二歳の頃、自ら死を選んだ。

ただし、彼が欧米へ出張へ出かける前日のことである。

遺書は残されていなかった。

だから、彼が何故自身で命を絶ったのか、今も理由は不明である。

染まる

人を殺したことがある人間が分かる、という人がいる。

殺人を犯した人間の姿は、顔の赤みが強く見える、らしい。

綺麗な赤ではなく、濁った赤で薄く染まったような感じだ。

また、近付くと淀んだ水の臭いが香ってくる。

前者はテレビなどの映像越しでも分かる。

後者は、自分の周りにいた人物から香ってきたことで分かった。その人物は過去に殺人を犯していた。

他、色々な経験則から理解ができたのだという。

一応、意識的にオンオフできるので不自由はない。稀に強制的にオンになることもあるが、それはそれと諦めている。

その人曰く「意外なことに、人を殺してそうな人間はそこまで殺《や》ってない。逆に虫も殺せないような顔を装っている人こそ殺っていることが多い」

また、人を殺せる人間はある共通項があるようだ。

「一見、凄く目が綺麗なように見えて、時々何かじっと掌を見つめている」

これもまたこれまでの経験から割り出した。

この人が言うには「この世には殺人に手を染めている人間は意外といる」

何故かと考えてみたが、意図的な殺人もあれば、間接的に殺しているケースもあるかもしれない。

例えば、人を自殺に追い込んだ人物。

或いは、お腹にいた子を流した人物。

「あと、ほら、自分の子を〈死なないでしょ〉って放置して死なせた人間もだった」

知り合いが突然赤くなることもあるから、とても嫌な気持ちになるのだと真顔で呟いた後、最後にこんなことも教えてくれた。

——医療関係者には殆どいないと思う。医療行為の果てのことだからだろうけれど。でも、偶に赤くて臭いのがいるのは、どういう訳か分からないなぁ……。

霹靂《へきれき》

日吉さんが勤務先から帰宅すると、部屋の中に何処となく違和感があった。

ワンルームの狭いアパートだったため、調度品がそれほど多かった訳ではない。

一見、何処がどうおかしいのか説明することは困難であるが、それでもこの部屋に五年以上住んでいる張本人だけに、何かが変わっていることだけは何となく分かっていた。

もしかしたらテレビの位置が、いや、むしろ辺りに漂う何物かの気配が、等と考えを巡らせてはみたものの、すぐに止めてしまった。

何故なら、いつまでもこのような些事《さじ》に関わってはいられないからである。明日も早朝から仕事がある身としては、早く身体を休めたかった。

小首を幾度となく傾《かし》げながらも、疾《と》うに平べったくなってしまった座布団にどすんと腰掛けた。

そして、帰り際にスーパーで買ってきた、半額シールの貼られた海苔弁当に箸を付けようと、蓋を開けた。

そのとき、であった。

目の前の弁当が、突然ゆらりと歪んだ。

畳に崩れ落ちそうになる感覚に抵抗するべく、咄嗟《とっさ》に突いた両手に力を込めて一所懸命耐えている。

視界の歪みが若干弱くなってきたかと思ったそのとき、いきなり何物かに首根っこをむんずと掴まれた。

それは物凄い力で、今まで味わったことがないような強烈な痛みがやってきた。

やがてその痛みは、これまた盛んに脈打つ熱いものへと変化していく。

「……゛おいっ！　゛おいっ！」

まるで部屋中が揺れるような重低音の濁声《だみごえ》が響き渡る。

「はっ、はひぃっ！」

空気の抜けるような弱々しく情けない返事をしながら、日吉さんは首根っこを掴まれた仔猫のように身体を硬直させた。

「……゛おいっ！　゛おいっ！」

間違いなく、この大声は耳元で発せられている。

どうしよう。どうすればいいのか。

考えを巡らせてはみるが、更に恐怖心が加算されていくばかりで、思考がちっとも纏まらない。

「あっぶねぇ、ぞっ！」

今まで以上に大きく、そして真剣味のある濁声がそう言った。

熱せられた火箸を首に押し当てられたかのような激痛が走る。

そしていきなり身体が宙に浮いたかと思うと、部屋の隅へと放り投げられたのである。

積んであった漫画雑誌に両足をぶつけて、そのまま床へと倒れてしまった。

そのとき、である。

唐突にガラスの割れる音がして、何かが爆発したようなけたたましい音に襲われた。

辺りには煙が充満し、咽喉《いんこう》をちくちくと苛《さいな》んでいる。

何が起きたのか判明したのは、それから数分経って室内の煙が落ち着いた頃であった。

何故か窓側の壁から、ボコボコに凹んだ中型トラックのボンネットが生えている。

そして、その右前輪の下には、可哀相な座布団と潰された海苔弁の端っこが垣間見えた。

「あっぶねぇがった、なっ！」

先ほどより弾んだ声が、室内に響き渡った。

と同時に、最初に気になっていた違和感も綺麗さっぱり消えてなくなってしまった。

「ええ、居眠り運転でした」

日吉さんのアパートに突っ込んできた正体は、どうやら中年男性の運転するトラックであった。

連日の激務による、居眠り運転が原因であった。

決して新しくはなかったアパートは半壊状態となり、今現在彼は他のアパートに住んでいる。

「まあ、運転手さんも大した怪我をしなかったし」

しかし、例の得体の知れない何かに救われていなければ、日吉さんの命は恐らく風前の灯火だったのではないだろうか。

「でも、どっちなんでしょうね？」

彼の言っている意味が分からず、暫しの間きょとんとしていた。

「例のアレって、俺を助けたんですかね。それとも運転手を救う目的で、俺を殺さなかったんですかね？」

確かめたいですか、と問うと、彼は勢い良く頭を振った。

懲罰房

某人は地方で会社を営んでいる。言わば社長だ。

現在六十前だが、矍鑠《かくしゃく》とした人物である。

彼は、何処にも雇ってもらえない人間に手を差し伸べ、自社の寮に入れて働かせることをよく行っていたという。

曰く「資格もない、手に職もない人間達だけれども、いっぱしの職人になる者もまた多い。そうなれば俺にとっても得だし、世の中にも得になる」

情けは人のためならず、らしい。

中には期待を裏切り、いつの間にか逃げる人間もいるが、それはそれで割り切っている。

とはいえ、さすがに目に余るような態度の相手には厳しい。

小学生ですら知っているような礼儀も弁《わきま》えず、また、過去の自分の悪さ自慢をして、仕事もせずに周囲にマウントを取るような人間だ。

そのようなタイプはおおよそ〈俺は元ゾクのトップだった〉だの〈俺は元ヤクザ〉だの〈あの○○さんを知っている俺〉だの、とかく過去の栄華に縋《すが》る。栄華と言っても、他者を困らせ泣かせるものなのだから自慢するのがおかしいのだが、と社長は常に憤る。

だから、そんな輩が会社に来た時点で、その鼻っ柱を折る。

ゾクだったろうが、ヤクザだったろうが、真っ当な仕事が〈どれくらいできないか〉を身体で教えてしまうのだ。

少しでもまともな感覚が残っていれば、翌日から大人しくなる。

それか、逃げる。

どちらにせよ、これが分水嶺《ぶんすいれい》だろうと社長は笑う。

この社長を頼り、悪たれ小僧やヤクザ崩れを連れてくる人間が後を絶たなかった。

やってくる人間の数が増えてくると、中にはどうにも食えない奴も出てくる。

例えば、反省がなく、いつまでも反社会的な行動を取る者。或いは、社長の前では要領が良く、隠れて悪さをするような輩だ。

悪事が発覚次第、そんな相手は寮から追い出す。

そして、社長が所有する、ある家に住まわせる。

社長自らが名付けたその家の名は〈懲罰房〉。

ここに入れられた人間は、一晩で音を上げ、逃げ出してしまう。

理由は何かと訊ねれば、社長が笑う。

出る家、らしいから、と。

社員の寮が手狭になったときだった。

追加で使えそうな平屋の家を探していた。

そのとき、綺麗な建屋なのに、いつまでも買い手の付かない家があることに気が付いた。

日当たりや地盤など、何か問題があるのかと近所に訊いたところ、〈出るから〉という噂を聞かされた。ネットで調べてみたが、確かにそんな話がある。瑕疵物件・事故物件というデータもあった。が、場所や詳細が伏せられているので、本当にそこの話なのか判断が付かない。

そもそもそんな馬鹿なことがあるかと管理している不動産へ訊いてみたが、当然の如く「曰くのようなものはない」と答えが返ってきた。

ならば試しに自分が泊まってみるから許可をくれ、と不動産担当者へ直談判してみたところ、三日後に了承された。

その後、三日ほどそこで寝起きしてみたが特に問題はない。

好物件と買い上げたのだが、社員をここに住まわせてみたところ必ず朝になると姿を消している。大きな荷物以外は残っていないから、慌てて逃げたのだろうことが見て取れた。

何度繰り返しても、毎回同じように誰もが逃げ出す。

仕方なく、もう一度社長が一週間ほど住んでみたが、何も起こらない。

「自分には分からないが、これは何かあるんだな」と思い、以来〈懲罰房〉として使うようになった。

どうせ出るのなら、救い難い人間に対する罰として活かそう、という思惑だった。

当人としては、ちょっとした悪戯心もあったのだが。

その懲罰房にまつわる、こんな話がある。

社長の下に当時三十代後半の男がやってきた。

御多分に漏れず、元ヤクザだと名乗る。

そして「俺は売れっ子作家になるのだ。ヤクザだった自分を売りにすれば当たる。そんな作家もいただろう。それに、ここに来たのは仕方なくだ」と息巻いた。

どういう意図でそんなアピールをしたのか分からない。

だが、事務職や周囲の人間に対して威嚇《いかく》としか思えない行動を取る。

裏で聞いていたが、ヤクザはヤクザでも半端者で、その世界でやっていけなくなり逃げ出したようなタイプだった。

こういう人間は、自己を大きく見せかける行動をしつつ、他者へ攻撃する癖がある。

（コイツは要注意だな）

そんな社長の予想通り、やはり反省もなく悪さを始めた。

自分より弱いと認定した者を虐めたり、周辺の家々に迷惑を掛けたりと枚挙に暇《いとま》がない。

放置すると、取り返しの付かない問題を起こしそうだったので、懲罰房行きにした。

社用車で連れて行ったのだが、途中から元ヤクザの口数が減っていく。

さっきまでの威勢はどうしたのかと訝しんだが、どうにも口を割らない。

そのまま懲罰房の玄関前に着いたが、今度は車から降りてこないのだ。

仕方なしに力ずくで玄関前まで引きずっていくと、途中で変な声を上げて尻餅をついた。

見れば、尻の下に水溜まりができている。

元ヤクザは座りションベンをしていた。

汚いからこの家の中にある風呂へ行けと急かした瞬間、元ヤクザは跳ねるように立ち上がり、甲高い悲鳴を上げながら、逃げていった。

後を追いかけたが逃げ足が速い。そのうち、見失ってしまった。

戻ってくるかどうか待ってみたが、音沙汰がない。

紹介してくれた人間や履歴書にあった連絡先へ電話してみるが、結局この男の行方は分からぬまま終わった。

先日も、懲罰房から逃げた人間がいた。

この御時世だからか、喰えなくなった元ヤクザである。

後で判明したが、社員達を巻き込んで詐欺をしようとしていたらしい。今、ニュースを騒がせている、給付金絡みのアレだ。

社員達はもちろん断ったので、事なきを得た。

「俺にゃ、あの家がどうとか分からんけどね。だって何にもなかったんだから。ネットや噂では、老人と女が出るということになっているが、それすら定かではないので、どうしようもない。それよりも問題がある」

最近は頼ってくる人間の質が目に見えて下がってきている。どうも向上心も道徳心も低くなっているようだ、と社長は困った表情を浮かべた。

誰か見てるゾ

「アパートの内見のときに注意しとけばよかったたって話なんですけど」

不動産屋の男の、凄く嘘くさい作り笑顔が印象的だったという。

「学校近くで、なるべく安い所探してて――他には拘《こだわ》りもなかったです」

大学に通いやすい郊外のアパートを内見した際、内見前から石井さんはもう「ここでいいかな」と思っていた。

「二階建てRC造の二階。ほんとに何処にでもあるアパートですね。『角部屋なんですよ』とか『洗濯機が屋内に置けて』とか、『海が見えるんですよー』とか言われたけど、僕からしたら『はぁ』としか。海なんか別に見ないですし」

極論すると、安ければ事故物件でも別に構わなかったという。

ただそんな彼にも一つだけ、気になるところがあった。

アパート二階外廊下、彼の隣室のドアに、あるステッカーが貼ってあるのに気付いた。

『誰か見てるゾ』と書かれた、都市部では地域によってよく見かける防犯啓発のステッカーだ。

石井さんは東京近郊に実家があるため、そのステッカーをしばしば見ていた。

様々な意匠のものがあるが、アニメチックなものや、歌舞伎役者を模したものが多い。

それで言うと、そのドアに貼られていたステッカーは『リアルバージョン』というべきものだ。

血走った眼。

瞼は描かれておらず、二つの眼球のどアップである。

黒目の虹彩やハイライト、更に写り込む風景まで描写されていた。

「あー、これ気持ち悪いですよねー」

不動産屋はあっけらかんと笑った。

何が面白いのか分からず、石井さんは「ええ、まあ」と曖昧に返した。

部屋は申し分ないものだった。

元々拘りもないため、他の物件も見ずにそこで決めることにした。

外階段から一番遠い側の角部屋であるから、帰りにも隣室の前を通る。

やはり気になって、さっきの目玉ステッカーを見てしまう。

「やっぱ気になりますよねぇ。お隣さん、美大生らしいんですがちょっと変わった方みたいで」

住み始めてからも、隣人に会う機会はなかった。

昼でも夜でも、隣室の前を通るときに『誰か見てるゾ』の目玉がぎょろりと動くような気がして、それだけが気持ち悪かった。

「多分気のせい――いや間違いなく気のせいだと思ったんですけど」

その当時そもそも玄関先にそんなシールを貼る意味は何だろうか、と石井さんは考えるようになっていた。

もしかすると過去に空き巣でも入られた経験があってそういうことをしているのかもしれない。

「住み始めてからふと気になって調べたんですけど、近くに美大なんかないんですよね。専門学校とかは分かんないですが」

不動産屋の記憶違いかもしれない。確かめる機会もないだろうと思った。

ところが、暫くして隣人と遭遇する機会があった。

「遠くのホームセンターです。何か凄い気さくに話しかけてくる人がいると思ったら――」

大学からバスで、家の反対側へ行った先のホームセンターでのことだ。

この日、石井さんは新たに知り合った友人の家に呼ばれ、その途中でホームセンターでちょっとした買い物を頼まれたのだ。石井さんは仲間とともにバスを降り、広い売り場で品物を探していた。

気が付くと仲間とははぐれており、その代わり、歳の近そうな知らない男が話しかけてきた。

「あのー、すいません」

「あっ、僕店員じゃないです」

石井さんは本屋でも何処でも、何故かよく店員と間違えられるのだ。

「知ってます。〇〇大ですよね？」

はい、と石井さんは答えた。

続けて二、三言葉を交わすうちに、石井さんも何故かこの男を知っているような気がしてきた。

「隣の部屋の人ですよね。確か石井さん」

「えっ――もしかして、目玉の」

そうそう、と男は笑った。

「前々からお話したいと思ってたんです」

これは石井さんの言葉ではない。隣人の言葉だ。

石井さんは言葉を失う。言うなれば『こっちのセリフ』という奴だが、そこまでの熱意があった訳ではない。

「遊びに来てくれって言われたんですけど、何か気まずくって。うっかり『友達の家に遊びにいく途中』とか言っちゃったんで、こっち断るのも変じゃないですか。すぐ隣なのに」

曖昧な返事を繰り返すうちに、隣人を訪問することになってしまった。

「で、もう翌日にいきなりです。ドアが叩かれて――。まぁ僕も、あの気持ち悪いシールのこと話せるかもしれないし、いいかなって」

招かれた部屋は、心なしか石井さんの部屋よりも広かった。

芸術家の部屋というのはもっと汚い作業場を想像していたが、イーゼルが一脚、フルタワーPCとでかいモニターがある以外はごく普通の部屋だ。

課題をやるのに最低限の画材はあるものの、大体はPCで足りるらしいのだ。

聞いてみればやはり予備校だかで、美大は受験しているが二浪目とのこと。

見た目は少し病んでいる感じだし喋り方も偏執的な感じがしたが、話してみれば意外に普通の青年である。

野球が好きで、地元のチームを応援しているらしい。フランス映画など見たこともないし、文学らしい文学も知らないという。映画や小説に至っては、石井さんのほうが詳しいくらいだった。

「フランス映画？　『レオン』は観ました」

意外に普通の人なのだが、そうなると逆に何故熱心に話しかけてくるのかが分からなくなってしまった。

単に寂しいだけなのかもしれないと思っていると、隣人は突然本題に入った。

「実はなんですけれど。石井さんの前に住んでいた人と、私友達で。同じ予備校に行ってたんですが、急に田舎に戻ってしまって」

美大は何処でも、入る前も入った後も卒業した後も色々と大変だと聞く。

大変らしいですよね、と相槌を打ったが、どうやらそういうことではないらしい。

「『誰かに見られてる』って言ってたんですよ」

あなたの描いたシールのせいでは？　と喉まで出かかった。

石井さんは前の住人の気持ちが分かる。通るたびにあのステッカーを見るのが厭だったのではないかと思ったのだが、続きを聞くとどうやらそうではない。

それはそのステッカーの由来に関する話だった。

「詳しく訊いたら、変な話なんですよ。僕の前に住んでいた女性は、窓側の外の、結構遠くの海っていうか堤防の上から、誰かに監視されてたみたいなんです」

ストーカーだろうか、と彼は思った。

「でも全く同時に、反対側の、玄関のドアスコープってありますよね？　あれから見ると、玄関のドアの外からも、同じ人が監視してるって言うんです」

同時に両側から、同じ人に。

「『集団ストーカー』みたいでしょ？　だとすればもう精神科とかそっちだと僕は思ったんですけど——」

男は自室のカーテンを閉めた。

「いわゆる集団ストーカーって、近所の人が皆自分を監視しているみたいな妄想ですよね。同じ人に同時に別々の場所から監視されてるってのは、ちょっと違う気がしませんか」

たぶん、と石井さんは曖昧に頷く。

「しかも、僕も見たんですよ。その子から連絡を貰って、この窓から外を見たら、確かに堤防の上に立って、四十か五十歳くらいの、グレーのスーツを着てでっかいショルダーを提げた女の人がじっとこっちを見てて」

「本当に廊下の外にもいたんですか？」

石井さんがそこを訊ねると、肝心なところで男は首を振った。

「そこが分からないんですよ。私の部屋のドアスコープからじゃ見えませんし、薄く開けて覗こうにもドアの開く方向とは反対側なので」

少なくとも、男がドアを開けて外を確認したとき、外廊下側には誰もいなかったそうである。

外廊下は隣室の先で行き止まりなので、この部屋の扉を開いてしまえばもう飛び降りたとしか考えられない。

二階であるし、飛び降りて逃げることも不可能ではないだろう。

「まぁ、そんなことが続いて相談を受けたので、せめて呪ってやる気持ちを込めてあの防犯シールを描いて貼ったんです」

なるほど、と石井さんは頷いた。

ただ変人なだけではなかった。

防犯シールは同じものが二枚あり、石井さんの部屋のドアにも貼ってあったという。だが先の住人が退去した際に剥がされてしまっていた。

「いやぁ、あのシールってそういう事情があったんですね。本当によくできてますもんね」

石井さんがそう言うと、隣人は照れた。

「ところが本当の本題はそこからだったんです」

男が言うには、そのストーカーは未だに隣室の監視を続けているらしいのだ。

石井さんは思わず聞き返した。

今も監視は続いている——石井さんの部屋を、だ。

彼は窓もカーテンも殆ど開けない。洗濯機がなく、洗濯物はまとめてコインランドリーだ。

「私が窓の外をチェックします。もしまた現れたら、電話させてください。そしたら石井さんが、ドアの外を確認する。誰かいたら、ドアをいきなり開けて突き飛ばしてくれてもいいです。あとこれを。昨日、ホームセンターで買いました。運命だと思ったので」

男は、千枚通しを渡してきた。

「ドアスコープなんか簡単に割れます。できれば、これでそいつをやってください。責任は私が取りますから」

「せ、責任って――」

男はどうやら本気だ。

彼はきっと、本気でやるつもりなのだ。

「お願いします。私は確かめたいんです。本当に手の込んだストーカーがいるのか、あの子が狂ってしまっただけなのか」

「そんなの余計に困るじゃないですか。ただストーカーを退治しようっていうのより厭じゃないですか？　その子の、彼女か何か知らないけど、同じ夢を目指した友達の仇を討てみたいな――困るじゃないですか」

とにかく石井さんは、形だけでも引き受けることにした。

これ見よがしに男物の下着を干したりして、身に覚えのないストーカー騒ぎに巻き込まれるのだけは避けようとした。

しかしきっともうストーカーが現れることはない。そう彼は確信していた。

きっと前の住人は、精神を病んでしまったのだ。

ストーカーは妄想。隣人の男が見たというのも勘違いか、集団ヒステリーの類だろう。
だが——その時は訪れた。
ある夕刻、石井さんの携帯が鳴った。隣人からだ。
石井さんが何と思おうとも、これは電話が鳴った瞬間に否応なく始まってしまうのだ。
そのときになって彼はそこに気付き、後悔した。
『石井さん。出ました。玄関を確認してください』
やめてくれよ、とは言えない。
むしろ何も確認せず、このまま「何もなかった」と答えるのも手だ。
しかし彼は、カーテンを薄く開いて外を見てしまった。
堤防に、女がいる。
鼠《ねずみ》色のスーツ。そして巨大な四角いショルダーバッグを提げている。
何かの機械が入っているのか、そこからコードのようなモノが伸びている。
(——刑事？　探偵？　ええと——何あれ、営業？)
「もしかしてこれですか」と、筆者は石井さんにある写真を見せた。
三十年以上も前の、古い型の携帯電話だ。

「そう！　大体こういうのです！」

石井さんはその型の携帯電話を見たことがなかったが、何となく通信機のようなものだとは思ったのだ。

とにかく奇異だが、ならば本当に集団で行動している可能性がある。

(け、警察に)

そうは思ったが、これ以上深入りするつもりもなかった。

あれが何であれ、玄関の外を確認して終いである。

彼は咄嗟に千枚通しを握り、玄関のドアに張り付いた。

恐る恐るドアスコープを覗く。

すると、そこに確かにいた。

中年女性。顔まではっきりと見えた訳ではなかったが、さっき見えたのと全く同じ人物と思える。

女は、ドアの外で呆然と立っている。

(ほ、ほ、本当にいた)

千枚通しは届かない。女はただ立っているだけだ。

「いる！　ドアの外に！　本当に、同じ女に見えます！」

小声で、しかし必死に彼は電話越しの隣人に訴える。

『なら同時に開けましょう。いいですか。三、二、一』

石井さんは、思い切りドアを開けた。

同時に隣室のドアも開く。

そこには誰もいなかった。ただ眩しい西日があった。

「いない！　今ここにいたのに！」

逃げる時間などなかった。それなのにもう、中年女はそこから消えてしまったのだ。外廊下から周辺を見ても、逃げてゆく者などいない。

とにかく、石井さんの役目はこれで終わった。

きっとあの女も、何者か知らないがストーキングしていた相手がもうここに住んでいないことを知っただろう。

石井さんは首を振って部屋に戻り、戦慄した。

部屋の中に、グレーのスーツの女が立っている。

女は逃げたのではなかった。

四角いショルダーバッグから延びたコード。

その先に付いた機械を口元に当て、何かをぼそぼそと喋りかけている。

思わず叫ぶと、背後で隣人がドアを開いた。

隣人が金切り声を上げ、刃物を振り回しながら乱入してきた。

同時に、中年女はパッと掻き消えた。


「それだけです。二度と現れませんでした。まぁ、僕もさすがにすぐ引っ越したってのもあるんですけど」

隣人は納得したのだろうか。

「分かりません。けどその一件以来、いよいよ僕を仲間だと思ったんでしょうか、どんどん馴れ馴れしくなってきて。携帯の番号も知られちゃったし」

先輩ということもあり石井さんは我慢して付き合ったそうだ。

普通の人だったということだが、ことストーカーの話になるとややおかしくなっているようだった。

ところで、中年女の消えたあと、そこには小さく丸めたステッカーが落ちていたそうである。

広げてみると、隣室のドアのステッカーによく似ているが、ずっと普通の意匠だった。

まるでイラストであり、本物の眼球と見紛うような鬼気迫るリアリティがない。

「それは見せました。古いものだと思ったんで。そしたら――」

隣人は首を傾げたのだという。

これは確かに二枚しかないオリジナルの防犯ステッカーの内の一枚で、前の住人がいた際にドアに貼ったものだと言うのだ。

つまり、今隣人がドアに貼っているものと同じだと言うのだ。

「そんな馬鹿な、と思いました。僕が毎日見ている奴はそんな生易しい、町内会の奴みたいなのじゃない、本物の目玉みたいな奴なんですから」

慌てて石井さんは外に出て、隣室のドアのステッカーと見比べた。

「確かに、同じものでした。ただのイラストです。全然、僕が見てたのと違う」

ドアに貼られた目玉の防犯ステッカー。

何故彼にはリアルな眼球に見えていたのか、それはもう分からない。

病禍にて

小島さんはとある日曜日、暇潰しのためショッピングセンターに買い物に来ていた。

買い物とはいっても特に何かを買う予定は全くなく、ただ単に暇を潰しに来ただけであった。

以前訪れたときは、沢山の人出で賑わっていたこの場所も、新型ウイルス禍が影を落としている中では、信じられないほど人影は疎《まば》らであった。

既に見慣れた光景とはいえ、擦れ違う人々がほぼマスクを着用しているということも、妙な感じであった。

入り口に入ると、目の前に大きな液晶モニターが設置されている。

以前来たときはこんなものはなかったので、物珍しさでじっと見てみることにした。

そこには来場者の体温を検知した映像が、リアルタイムで映されている。

肌の部分が緑色に表示された小島さんの後ろに続いて、何人もの人々が彼を追い越して店内に吸い込まれていく。

暫く見物していたが、やがて飽きてしまい、そろそろ店内を彷徨《うろつ》こうかと思った、そのとき。

彼の真後ろに、肌の部分が真っ黒に表示された人物が突然現れた。

咄嗟に後ろを振り返ると、くたびれたグレーのスーツを身に纏った、サラリーマンの男性であった。

歳は五十台前後であろうか。めっきり薄くなった頭部は整髪料でぴったりと固められ、何処か身体が悪いのか土気色の顔色をして、伏し目がちにゆっくりと歩いている。

〈わっ！　黒って凄いな。どっか病気なのかな、あの人〉

彼は興味本位かつ軽い気持ちで、格好の暇潰しとばかりに、少し離れてその人物の後ろをつけ始めた。

この状況下でもマスクを着用していないその男は、見れば見るほど異常に思えた。

やはり具合が良くないのであろうか。ぎこちなく歩きながら、首の角度が一切変わらない。

そして、何かを買いに来た訳ではなかったらしく、居並ぶ専門店には脇目もくれず、ただ一周しただけで出口から出て行ってしまった。

小島さんも相も変わらず、まるで自分が探偵にでもなったかのように、その男の後をつけて歩く。

やがてその男は巨大な駐車場の裏手から出ていった。

そこから暫く歩いたかと思うと、人通りの少ない路地裏へと進んでいった。

小島さんは辺りを見回して、思わず感嘆の声を上げた。

〈スゲえなぁ。あんな人でいっぱいの大型店でも、少し離れただけでこんな過疎っちゃうんだ〉

やがてその男は、路地裏の一角に佇んでいた築ウン十年の小汚い木造アパートの階段を、緩慢な歩みで昇っていった。

錆びた鉄階段は苦しそうな悲鳴を上げており、その不気味な軋《きし》みと足音だけが辺りに響いている。

その光景を電柱の影から覗き見ていたが、男の姿が消えると同時に、彼もまた後をつけるべく階段へと足を掛けた。

万が一、ばったり顔でも合わせてしまったら、何て言い訳しようか。

尾行していることがバレたら、どのように言い繕うべきなのか。

などと考えを巡らせてはみたものの、明確な答えがある訳ではなかった。

それより何より、とにかく気になる、といった欲求が優先されてしまったとしか言いようがない。

ゆっくりとした足取りで、二階へと昇っていく。

外壁は蔦《つた》植物に見事なまでに捉えられており、本当にこんなところに人が住んでいるのか不安になってしまう。

二階に上がってすぐに、小島さんは目を疑った。

〈ウソだろう！　こんなところに人が住んでいる訳ないでしょ！〉

建物の一階はそれほどでもなかったが、二階の部屋はほぼ半壊状態であった。

合計四室あるようだったが、いずれの扉にも共通して大穴が空いており、窓ガラスも全て割られている。

しかし、このような場所でも、さっきの男が何処かにいるに違いない。

そう思いながら、彼は近いほうから次々に部屋を見て回った。

しかし、何処にもいない。

これは一体、どういうことであろうか。

そもそも一瞥しただけで分かるが、この建物の階段は、今自分が上ってきたものしか存在しない。

〈と、いうことは……〉

あの男は一体、何処へ消えたのであろうか。

何とも言えない恐怖心が、彼の心に芽生え始めた。

いつしか鼓動が速まり、ねっとりとした厭な汗が額と背中から沸いて出てくる。

そのとき、既に確認したはずの一番奥の部屋辺りから、狂気じみた笑い声が聞こえてきた。

ズン、という衝撃が、彼の左胸を襲う。

男と女、そして子供の声が混じった異様な笑い声が、まるで家族の団欒《だんらん》とばかりに、彼の耳に入ってくる。

怖い。これは、怖い。でも……。

ここまで来たからには、正体だけでも確かめたい。

小島さんは深呼吸を一つすると、扉に空いた大穴に頭を突っ込んだ。

中で繰り広げられている状況を覗き見ようとしたのである。

だが、最初に彼の目に映ったものは、顔であった。

明らかに尾行していたサラリーマンのもので、安っぽい整髪料の混じった不快な香りが鼻を衝《つ》く。

その眼窩《がんか》は黒く落ち窪《くぼ》んで、黒ずんだ皮膚から発せられるのか、腐敗臭が襲い掛かってくる。

「ひっ！」

意図せず口に出したその瞬間、彼の妻と子であろうか。中年女性と幼児の顔が相次いで、彼の前に現れた。

そのいずれも、まるで胴体から切り落とされたかのように、首だけの存在であった。

何処をどう見ても、生きている気配は微塵も感じられない。

それもそのはず。目や鼻があるはずの部分は既に存在しておらず、真っ黒い深淵となっている。

そして、強烈な腐敗臭が小島さんの鼻の粘膜にこびり付き、じわりじわりと浸食していく。


気が付いたとき、小島さんは自宅の布団の中で、何故か全裸でがたがたと震えていた。

着用していた衣服は、未だに見つかっていない。

そして、あまりにも恐ろしすぎたのであろうか。

それ以来、あの近辺に近付くことはもちろん、あのショッピングセンターに行くことすらできない。

新しい生活様式

浅木さんも御多分に漏れず、リモートワークとなった。

ある日の昼、彼女が共用通路へ出ると隣室が空き家になっていた。

昨日、引っ越し業者が来ていたことは知っている。

シングルマザーと小さな女の子が住んでいたが、一カ月ほど前、緊急事態宣言が出る前に若い男が一人、出入りを始めていた。多分母親の彼氏だろうと思っていた。

男が来てから隣から子供の泣き叫ぶ声が聞こえることが増えたが、最近は静かになった。

だから、何とか折り合いを付けたのだろうと安堵した。

しかし、急な引っ越しだったなと思いながら、コンビニへ出かけた。


それから数日後、午後のリモートワークを終えたときだった。

静かな部屋に微かな声が響いた。

〈おかあーさーん〉

小さな子供だ。少し舌足らずで、聞き覚えがある。

隣の女の子の声だ。

引っ越したのだ。いるはずがない。耳を澄ます。静かだ。何も聞こえない。

さっきの子供の声は聞き違いだと思った瞬間、再び声が耳に届いた。


――おばあちゃんに　あいたい。


それきり、声は聞こえなくなった。

そっと外に出る。隣はやはり空き部屋だ。子供どころか、誰もいなかった。


それから女の子の声は聞いていない。

リモートワークも解除され、出社が始まった。

が、ある日、会社から帰ってくると、件《くだん》の部屋の前に見知らぬ男二人が立っているのを見つけた。スーツ姿だったが、サラリーマンのようには思えなかった。

隣に住んでいた人が何処へ行ったか知らないかと訊かれる。が、知るはずがない。

深々頭を下げると、男達は何処かへ去っていった。以来、彼らが来ることはなかった。

「ただそれだけの話です」と浅木さんは話を締めた。

雨が

某氏の父方のお祖父さんが亡くなった。

葬儀当日は酷い大雨が降った。

足下が悪い中にも拘わらず、沢山の参列者が訪れたという。

故人が如何に人格者であったか物語るものだと、当時の某氏はそう思った。


その後確認された遺言書には、家族や親族への感謝の言葉と、相続に関しての内容が記されていた。

内容は一般的なものであったから、誰も文句を言うものはいない。

ただ、一つだけ理解が難しい一文があった。

〈自分の葬儀が執り行われた日、雨が降っていたら○○への遺産譲渡を止めるよう〉
○○は、お祖父さんの子供の一人、某氏の叔父さんに当たる人物である。
特に仲が悪かったという話は聞かないし、そもそも何故雨が関係するのか分からない。

それでも正式な遺言書であることに間違いはなく、残された人々は困ってしまった。

各方面への相談の末、遺されたお祖母さんのひと声で、○○へ遺産が渡された。
文句を言うものは一人も出てこなかった。

ところが、その後○○は妻と子供を置いて失踪。
遠く離れた土地で発見された。
首を吊った変わり果てた姿であった。
また○○の子供が病死し、その後は妻も突然姿を消してしまったのである。

どうしてお祖父さんがあのような遺言書を残したのか。
何故お祖母さんは遺言書を無視したのか。
どちらも理由は不明のままである。
ただ、○○の顔や身体的特徴はお祖父さんにも、父方の誰にも似ていなかった。

葛饅頭から始まる怪談

相良さんが中学二年生になり、半年前に他界してから飾られるようになった祖父の遺影が、部屋のインテリアの一つとして漸《ようや》く定着してきた頃の話。

そんな折、急に葛饅頭を食べたくなった。

葛饅頭を食べたい。食べたい。食べたくてたまらない。

葛饅頭、というものがどういうものであるのか、相良さんは知らない。

饅頭というからには菓子なのだろうか。

いや、肉まんやピザまんのように、甘くない饅頭だってある。

葛というのが何だかよく分からない。

少なくともこれまでの人生で、物心付いてから葛饅頭とされるものを食べた経験は一度もない。

だが、葛饅頭を食べたい。食べたい。食べなければ。食べなくちゃ。

葛饅頭。どういうものだか知らないが、どういうものでもいいから葛饅頭を食べたい。

物事に執着している様子を表す慣用句に「寝ても覚めても」とあるが、このときの執着は正にそれで、寝ても覚めても脳内は葛饅頭のことでいっぱい。

頭の中に葛饅頭が充満しているのに、脳内のそれを取り出して口に入れることだけは叶わない、というような具合で、とにかく食べたくなりすぎて気が狂いそうだった。

この葛饅頭への妄執は数日に及んで続き、その苦悶がピークに達しつつあった頃に見かねた母がレジ袋をぶら提げて帰ってきた。

「スーパーに売ってたけど、あんた食べる？」

そう言ってガサガサ開いた袋の中に、葛饅頭が入っていた。

「食べるっ！」

思わず飛びついた葛饅頭は、訳の分からない妄執の中で思い浮かべていたものとは若干違った。温泉饅頭や肉まん、ピザまんのようなふかふかした蒸しパンのような皮ではなく、ゼリーのような半透明のぷるぷるした餅皮の中に、餡が透けて見える和菓子だった。

これが……葛饅頭……。

思ってたんと違う。違うけど、そんなことはどうでもいい。

今の私はこの葛饅頭めを、食べなければならないのだ。

パックの中から一つ取りだし、かぶりついた。

もちっとした弾力と、ねっとりしたこしあんが舌に絡みつく。

だが、味がしなかった。

思ってたんと違う。

甘さ控えめの大人の味とか、そういうことではない。

大福に似て見えるが、甘くない。

自分は言うほど甘味が好物な訳ではない。そして、得意でもない。

とはいえ、母の手料理や買い食いする菓子を楽しめる程度には味音痴ではないはずだし、味覚障害だと感じたことは一度もない。昨日の晩御飯も今朝の朝御飯も旨かった。

なのに、この葛饅頭とかいうものは、甘くない。というよりも、味がない。

なるほど、甘さが全く感じられない餡というのもあるのか。

首を捻りつつも、そういうものなのだろうと未知の、そして無味の葛饅頭をもむもむと咀嚼《そしゃく》していると、母が手を伸ばしてきた。

「どれ、折角だから私も一つ」

こんな甘くも旨くもない味もしないものが、大人の味なんだろうかと眺めていると、母は「んんん」と唸った。

「こりゃ甘い！　甘いねえ！」

母もまた相良さん同様に、言うほど甘いものが好きな訳でも得意な訳でもないのだが、それでも甘い甘いと頬を綻ばせて葛饅頭を頬ばっている。

自分の分だけハズレだったのだろうか。スーパーで売っているような大量生産の和菓子に、当たり外れなどあるのだろうか。

もう一口食べてみたが、やはり味がしない。

柔らかくぶよぶよの皮は、味がするとしたら甘いのだろう。

ねっとりと練られたこしあんは、舌の上で蕩《とろ》けるように甘いのだろう。

しかし全く味がしない相良さんにとって、それはぶよぶよした何かで包まれた緩めの粘土のようなものに過ぎない。正直なところ、美味しくなかった。

そもそも、甘い物が好きな訳でもない自分が、取り憑かれたように全く知らない葛饅頭を食べたくなったことがおかしい。おかしいのだが、そんなことより今は口の中にある物体をどうにかしなければならないことのほうが先決だった。口に入れたからには吐き出す訳にもいかず、とにかく頑張って咀嚼し飲み下した。

その瞬間から、葛饅頭への執着が消えた。

その晩、母の作る夕餉《ゆうげ》はいつも通り美味しかった。

次に食べたくなったのは、ショートケーキだった。

「ショートケーキを……食べたい……」

言葉に出しても出さなくてもショートケーキへの執着は変わらない。

葛饅頭と違って、ショートケーキなら相良さんもよく知っている。スーパーでもコンビニでも、何処ででも手に入るポピュラーな洋菓子である。

一昼夜も二昼夜も悶々とするのは厭なので、財布を掴んでスーパーに走った。

惣菜や弁当の並ぶコーナーの一角に出来合いのショートケーキが並んでいた。

一つ買って持ち帰り、早々に箱を開く。

ああ、ケーキ。ショートケーキ。

二層に重ねた白いスポンジの間には、薄くスライスした苺とクリーム。そして、上層にはこれまたたっぷりの生クリームと大粒の苺が一つ。

日本中何処ででも手に入るスタンダードなケーキである。

フォークを突き刺し、クリームを口に。

味がしない。

苺を口にしても、味がしない。

もそもそした無味のスポンジと、シズル感はあるものの酸味も何も感じられない苺、そしてねっとり纏わり付く割に香りも旨味も甘味もないクリーム。

スポンジから何から一個丸ごと完食しても、やはり味がしない。

が、食べきったのだから、これで執着は消えるはず。

……消えない。

どういう訳だか、相良さんの脳内は「ショートケーキを食べたい。食べたい。食べたい。食べたい」という執着が溢れかえったままだった。

箱にこびり付いたクリームを舐めてみても味はしない。

これではないのか、これだけでは足りないのか。

立ち上がり、再び家を飛び出す。

個数が足りないのか、あのケーキでは駄目なのかが分からないので、今度はコンビニのデザートコーナーに駆け込む。

スーパーのそれとさして変わり映えはしないものの、「ホイップした軽い口当たりの極上クリームが」と銘打たれたショートケーキを一つ買う。

家まで待てないので、近くの公園のベンチでおもむろにショートケーキを頬ばった。

味はしなかった。

一つ丸ごと食べたが、ショートケーキへの執着は消えない。

コレジャナイ。

何しろ中学二年生の小遣いである。安物であれショートケーキを立て続けに食べられるほどには貰っていない。

あと一軒……頑張っても二軒が限界だろう。

学校近くのパン屋のケーキはハズレ。

味はしない。

「きっと、本当は凄く美味しいんだろうなあ。美味しい紅茶とか淹《い》れて、ゆっくり味わいたかったなあ」

美味しいはずと分かっているのに美味しさを楽しめないとなると、その喫食は拷問か嫌がらせにしか思えなくなってくるのだが、「とにかく食べなければ」という執着が美味しく感じられないスイーツを口に押しこむことを強要してくる。

四軒目、駅前の洋菓子店の「豪華絢爛《けんらん》だけど味がしないショートケーキ」を食べきったとき、口溶けのいい軽いホイップクリームのように執着がパッと消えた。

「これが正解だったかあ……」

それから不定期に、相良さんは特定の何かを食べたくなるようになった。それも、嗜好品を一品目だけである。

品目は毎回バラバラで、小銭で買える駄菓子屋の一品のようなものから、家族で分け合って漸く一切れ口に入るようなものまでとにかく様々だった。

何故そうせざるを得ず、何故正解のものを食べない限り執着が消えないのかも不明。

理屈も分からないが、とにかく味のしない嗜好品を食べればその妄執は消えるのだが、当たりを食べない限り辛い執着は消えない。

これは大変に苦しかった。

まず、それらを調達するのはよほどの幸運がない限り相良さんの小遣いからなので、金銭的に苦しかった。

そして、相良さん自身が食べて飲み込み腹の足しにしなければならない。とにかく食べきらなければ執着が消えないので、年頃の乙女にはカロリー的にきつかった。

そのうち、法則性が分かってきた。

相良家には仏壇がない。

ないのだが、家で一番高いところに故人を祀っていた。祀っていたというか、件の他界した祖父の写真が箪笥《たんす》の天辺に飾られており、そこに生前愛喫していた銘柄の煙草と何処かで貰ってきた縁起物の招き猫が並べられてあった。時々頂き物のお土産の菓子などをお供え代わりに置いている。

栗饅頭への執着が猛烈に湧き上がったとき、同じものを二つ買ってきたことがあった。相良さんは甘いものは言うほど得意ではないのだが、まして味がしない甘味を一人で全て食い尽くすのはなかなか苦痛である。

そこで、二つに分けられるものは祖父に供えることにした。

買ってきた栗饅頭を一つ祖父に供え、もう一つを自分が食べる。

と、味がした。

甘くて旨い。薄皮の中に大粒の栗の甘露煮が入っていて、とても旨い。

「……これか！」

遂に解決策を発見した。

つまり、祖父が甘味を欲しているのではないのか、と。

これまで食べ（させられ）た甘味や嗜好品の数々は、祖父の好物だったのではないのか。

祖父が甘党だったかどうかを確かめる術はなかったが、少なくとも何故自分が甘味を食べさせられてきたのかについて、漸く理由が判明した。

葛饅頭から始まった小遣い兵糧攻め＋カロリー責めは、既に数年に及んでいた。

ただ、「なるほど」と理由が紐解けたものの、事象が収まる訳ではなかった。

唐突に「アレを食べたい」という衝動が湧き起こり、祖父が望むのであろうものを突き止めて食べるまでその衝動は収まらず、とてつもない妄執として苦しめられるのである。

祖父の分を買い、自分の分を買って、祖父に供えた分も結局自分が食べねばならない。

もちろん、亡くなった祖父が小遣いをくれる訳ではないので、二つ分の菓子類の代金とカロリーは全て相良さん持ちである。

体重ばかりが着々と増えていく。

ならば、買ってくるのは一つでもいいのではないか。

執着が湧いたらスーパーやら菓子店やらに走り、一つだけ買ってきてまず祖父に供え、暫く置いた後にお下がりを頂く。これでいいのでは。

「……落雁《らくがん》を食べたい」

落雁って、落雁って何だ！

食べたいという執着に猛烈に支配されるのにも拘わらず、菓子の名前から形状が思い浮かばない。

だがしかし、これまでに所望されてきたものは「近所で何とか調達できる」「よほどの例外でもなければ、何とか相良さんでも手に入れられる」という程度のものが中心だったので、スーパーかもはや顔見知りになった和菓子屋、洋菓子店のいずれかを回れば手に入るはず。

早々に見つけた落雁は、砂糖菓子だった。

きな粉や米粉、栗粉などに砂糖や水飴を混ぜて木型に押し固めたものを乾燥させて作る干菓子だった。そういえば、仏事や茶の湯に使ったりもするらしい。

一つ買い、祖父に供え、そして暫く置いたのちにお下がりを頂戴する。

「では、いかせて頂きます！」

味がしなかった。

緩く作った石膏《せっこう》板を噛み砕いているかのようだった。

ぱさぱさで粉っぽく、飲み物なしでは飲み下せない。

味のしない落雁の不味さは歴代でも指折りである。しかも執着が消えない。

自分も味わうつもりなら、とにかく祖父と合わせて二つかそれ以上を買わなきゃダメらしい。

一連の有り様から、相良さんを襲う唐突な嗜好品への執着の正体が、亡き祖父による執着の肩代わりであることはほぼ間違いなかった。和菓子洋菓子から酒肴に至るまで、よくもまあ、これだけあれこれ嗜好品を知っているものだと感心もさせられる。

もっとも、如何に旨そうな祖父のチョイスであろうと相良さんの口に入るときには味と香りが完全に抜けていて、舌触り歯触りだけしか楽しめないというとてつもなく不味いものなのだが、祖父が食べたがっているなら無下にもできず付き合うより他にない。

祖父のため、祖父のため。いつか満足してくれるまで我慢する。


そして最近あることに気付いた。

いつもの執着――祖父からのリクエストが届く少し前に、ささやかなラッキーが起きる。

曰く、スーパーに入ったら丁度タイムセールが始まった。

曰く、自販機で缶コーヒーを買ったらもう一本当たった。

曰く、閉まりかけのエレベーターのドアが目の前で開き直した――などなど。

いずれも幸運と呼ぶには本当にささやかすぎるものなのだが、そうしたささやかなラッキーの直後くらいに、例の執着が湧き起こる。

菓子一つの代金となら何とかちょうど釣り合う程度の幸運は、祖父による「お駄賃の前払い」なのではないかと思われた。

なるほど、気遣いか。


相良さんが年頃を迎え、プロポーズされた後のこと。

婚約者の親御さんに挨拶に出かけた、その帰路のことである。

余裕を持って席を辞したつもりではあったが、段々日も暮れてきた。今日の車はレンタカーであるので、時間までに営業所に返せなければ超過料金が発生してしまう。

急く気持ちはあれど、高速道路と違って下道は思い切ってアクセルを踏みこんでもすぐに信号に捕まってしまう。

「こりゃ、やばいかねえ……」

そう零したところで、それに気付いた。

まっすぐな一本道である。所々交差合流する道路があり、転々と交差点があることを示す信号が灯っている。

が、その信号が全て青になっている。

見渡す限り、見える限りの信号が全て青い。そういえば、先行車輌もない。

相良さん達の前には、バイクも自転車もトラックも一台もなければ、渋滞すらない。

通過に小一時間以上掛かる見込みでいた道路を大幅にショートカットでき、十数分も掛からずクリアした。

だがこれは、タイミングがよすぎる。

そして、いつものラッキーなら青になる信号は一個分が精々だが、見渡す限りの信号が全て青など、幾ら何でも仕込みが大きすぎるが、一体何を要求されるのか。

と、脳裏に食べ物が浮かんだ。

「……イカの干物食べたい」

食べたい。凄く食べたい。イカの干物。

スルメじゃない奴。生干しの奴。

胴だけじゃない奴。耳からゲソまで全部揃ってる丸干しの奴。

それを頭から食べたい。食べなければ。どうしても食べたい。

うっかり口を衝いて出ていたようで、婚約者が苦笑いした。

「そんなの何処に売ってんだよ」

「だよね」

と、進行方向の道すがらに、いつもは行かない大型スーパーの看板が見えてきた。

もう辛抱たまらんので、スーパーに立ち寄った。

イカの干物。イカの干物。イカの干物。イカの干物。

こうなってしまうと、もう他のことが考えられない。

イカリング、イカソーメン、イカの天ぷら、イカめし、近そうで遠い惣菜を眺めて歩いては、「コレジャナイ、コレジャナイ……」と唸っていると、婚約者がちょいちょいと手招いてきた。

「あったよ。イカの干物」

「マジか」

それだ、と飛びつき、婚約者の手からひったくってレジに走った。


帰宅後。

早速食べてみた。

味はしない。

耳はくにくにしていて、胴はゴムゴムしている。

ゲソはぶつんぶつんと弾力がある。

何か口の中がヒリヒリするので、きっとこれは辛味をたっぷりまぶした辛口の食べ物なのではないかと思われたが、とにかくいつものように味はしない。

そして、割と大きさがあって食いでがある。

さすがに一杯で腹が膨れてきたが、三枚入りだったようで袋の中にはあと二枚ある。

満腹になっても執着が途切れず、「イカの干物を食わねば」という気持ちに支配されたままである。

「これは全部食えということですかおじいちゃん……」と恨みつつも、食べきれないものはどうにもならない。胃袋の都合ということで勘弁してほしい。

翌朝、残りのイカを食べようと袋を開けてみたところ、そこには一杯しか残っていなかった。あの大がかりな仕込みは、祖父がどうしても一杯分食べたかったから、とか、まさかそういう……。

「おじいちゃん、そこまでしてもどうしても食べたかったんだね、イカの干物……」

で。結論を言うと、祖父の要求は今も続いている。

イカの干物で満足したとかそういうことではなかったらしい。

一番最近のリクエストはコンビニのロールケーキ。やはりささやかなラッキーと引き替えに「ロールケーキ、ロールケーキ、あのコンビニの贅沢ホイップの御褒美ロールケーキを食べたい。食べたい。食べねば」という執着が相良さんの脳内を暴れ狂い、ロールケーキを実食するまで収まらない。

でも、甘いものはもう少し控えてほしい……と相良さんは漏らす。

大人にはなった。小娘だった頃とは違う。

とはいえ、やはり財布とカロリーがたまらんのである。

関係

二〇二〇年、吉岡君は残暑の盛岡へ出張した。

初日の商談が上手くいかず、彼は落ち込んだという。

だから、夜はビジネスホテルへ自主的に籠もった。

商談用の各種資料、商材の再チェックを入念に行うためだ。

翌日が上手く行くようにと躍起になっているうち、晩御飯を食べ損ねる。

手元にあるのはミント系のガムとミントタブレットぐらいだ。

（……あと少しの間はこれで凌《しの》ごう）

明日の準備が済んだら、下のコンビニで最低限のものを買って食べればいい。あまり出歩くのはこの御時世だから避けたいこともあった。

手を止め、タブレットを口に放り込んだ。

しかし、味がしない。

口の中、鼻と喉の奥に特有の清涼感はあるが、それだけだ。

まさか、と思った。あのウイルスに感染して発症したのか。

慌ててタブレットを飲み込み、ガムを口に入れる。

やはり味覚がない。香りも感じられない。

焦った彼は立ち上がる。

そして、体温計を借りられないかと据え付けの電話に手を伸ばしたときだ。

視界の端、ドア近くに動くものがあった。

ハッとしてそちらへ顔を向ける。

明るい髪色をした背の低い女性の姿があった。

うつむき、髪で顔が隠れている。

一体誰だと思う間もなく、女性はドアの向こうへ後退《あとずさ》り、すり抜けるように消えた。

と同時に、口の中にミントの味が急激に広がる。味が戻った。

二重の驚きで固まってしまう。

(色々、疲れていたかな)

見間違えだと思い込もうとする反面、さっき見た女性の姿が自動的に想起される。

ダウンの白いハーフコートで、裾からスカートが見えなかったと思う。

茶色系のタイツかストッキングを履いた細い足が太股まで丸出しだ。とはいえ、ミニスカートだったのかどうだったのか分からない。

どちらにせよ、季節にそぐわない格好だ。

向かって右、左手に大きな白いバッグを持っていた。

そして足下は。

(足下)

印象がなかった。見なかったのか。それともなかったのか。

思い出せない。

急に我に返った。

部屋から逃げるか。いや、ドアを開けるか、それかドアスコープを覗くかして、あの消えた女性がいたら。

それも、こちらを真っ正面に向いて、見つめられでもしたら。

そして——。

厭な想像から地続きで、唐突に頭の中へ女の顔のイメージが膨らんだ。

掻き上げられた髪の下で、顔中が紫や黄色に腫れ上がっている。

恒常的に殴られているとしか思えない。

それとも何かに衝突した後なのか、そんな酷い状態の顔だ。

何故そんなものが脳裏に浮かぶのだろう。それもこんなに鮮明に。

（いや、思い込みだ）

コンビニへ行こう。そして何かを食べよう。

いつまでも脳裏に浮かぶ女の姿を振り払うように財布とスマートフォンを掴み、毅然とした態度で出入り口の近くへ歩いていく。

しかし、ドアの下にある僅かの隙間に、影がチラチラ動いていた。

ドアスコープを覗く。何故か、見えなくなっていた。表側から何かで封をしているのか。

影は他の宿泊客だ、と自らに言い聞かせ、ドアを開けた。

誰もいなかった。

ドアスコープには何も貼り付けられていない。

ドアを閉め、確認すると、廊下をチェックすることができた。

色々想像が膨らむ。が、明日も早い。

一晩の我慢だと、一睡もせず、スマートフォンでお笑いの動画を朝まで見続けた。

今、彼の味覚は正常である。

あの味覚異常は、盛岡の一夜だけであった。

＊

広田映奈さんは、ある和食店で修行していた。

生《い》け簀《す》がある店で、売りは活き造りである。

基本、家族経営の小さな店で、外から雇われた人間は数名しかいない。

評判が良いので、是非にと頼み込んで彼女は雇ってもらった。

もちろん板前修業は辛い。専門学校卒だとしても、板場では全く役に立たず、よく叱られた。が、自分の店を持つという夢を持つ彼女にとってはやり甲斐のある毎日だった。


しかし、店に入って一年ほどしたとき、急に舌の感覚が鈍った。

特に塩味が感じにくい。

塩の塩梅《あんばい》が分からないとなると、料理人として大問題である。

月の一時期に味の感じ方が変わることもあるが、ここまで顕著に出たことはない。

味覚障害には亜鉛だとサプリメントを摂るが、効果はなかった。

病院へ掛かっても原因を突き止められない。

店の人たちも心配をしてくれるが、どうしようもなかった。

同時に体調も悪くなり始め、このままでは料理人そのものを諦めなくてはならない状況まで来ていた。

ある休日、部屋にいると地元の友人から塩が送られてきた。

東北のある神社の塩で、旅行先で手に入れた。聞けば霊験灼《あらた》かだと言うから、舐めたり、お清めなどに使え、と手紙が入っている。

最近の悩みを話していたから、気を遣ってくれたのだろう。

出してみれば、純白の粗塩、と表現できるか。

少し自暴自棄になりかけていたときなので、その塩を掌に盛ると、そのまま口の中へ放り込んだ。

(舌、戻れ、舌、戻れ)と念じながら。

じゃりっとした粗塩特有の食感がある。

しかし、これだけの分量を含んでいるのに、舌の上では微かな塩味しかない。

涙が溢れた。

そのまま咀嚼するように塩を噛み締める。

唾液で溶ける前に、何故か急激に血生臭さが広がった。いや、それだけではなく、糞尿のような悪臭も混ざる。
思わずシンクに吐き出す。
ムワッとした臭気が上ってきた。
見ると、黒ずんだ塩の残滓《ざんし》が広がっていた。
指先で掬い上げると、焦げ茶色していることが分かる。
しかし臭い。
慌ててうがいをし、シンクの中を綺麗に洗った。
残った塩を調べる。やはり真っ白だ。
指で摘まんでいると、やけに美味しそうな気がした。
少し舌に乗せると、ミネラル多めの塩味を感じる。臭みはない。
美味しい塩だ、と素直に感じた。
味覚が戻ったのだ。

翌日の休み明け、店に入ると沈鬱な空気が漂っている。
店主である板長の奥さんが倒れた、という話だった。
この奥さんは店の女将として毎日店に出ていた人物である。

板長曰く「脳がやられた」らしい。

奥さんはそのまま寝たきりになり、店に出てくることは二度となかった。

そして店そのものが傾き、広田さんは他の店へ移ることが決まった。

そのとき、外から来た仲居の女性からこんなことを聞いた。

「広田さん、アンタ、板長の奥さんに嫌われていたねぇ」

全く覚えがない。

訳を訊くと、彼女は眉を顰《ひそ》めて教えてくれた。

「アンタ、呪われてたよ？　奥さんに」

彼女が板長へ色目を使っているから、気に食わない。だから知り合いの霊能者に頼んで、呪ってもらった——と、一部の人間に対して、冗談めかして話していたようだ。

「そんなことないのにねぇ。それに、まあ冗談でも人を呪うなんて口に出すもんじゃない。あれはその罰だ」

仲居さんは然《さ》も当然だと言わんばかりだった。

今、彼女は飲食業界ではないところで働いている。

店を移ってから数年後、何となくあの業界が厭になったからだ。

あの板場の日々は今も忘れないし、あの出来事に関する因果関係のことを考えることもある。しかし、それに囚われるのも馬鹿らしいので、何もなかったことにしたという。

そして、現在は夫一人、子一人の家庭を築いた。

だからとても幸せだと笑った。

庭

三重県に、ある男性が住んでいる。

娘が中学に上がった辺りで、彼は家を建てた。

子供の部屋と、妻の要望であるアイランドキッチンを備えたリビングダイニングを作ってあげたかったからだ。

もちろん長いローンを組むことになったが、家族が喜んでくれたので良しとした。

この家の自慢は家屋と庭だ。

デザイナーとじっくり打ち合わせをした家そのものは実にお洒落かつ住み心地が良い。

天井も高く、広々とした印象を与えてくれる。

そして知り合いの造園業者に頼んだ庭は、芝と各種庭木を植えた。

手入れは大変だったが、庭いじりは彼の趣味の一つとなったので問題はない。

ただ、ゴルフの練習のために植えた芝だったが、クラブで削るのが心苦しく、結局は如何に美しい芝生を維持するかを優先することとなった。

ある冬の朝、彼は家族より先に起きた。

庭の様子を見ようとカーテンを開けた瞬間、我が目を疑った。

冬枯れの芝生の真ん中に、見知らぬ女が立っている。

左に身体を向け、両手を胸の前に組んで動かしている。手遊びのような仕草だ。

家屋との距離は多分、畳縦二畳分くらいか。意外と近い。

だから、どのような姿かすぐにチェックができた。

肩に掛かるくらいの明るい茶髪。白い肌。ばっちり決めた——いや、濃いめのメイク。

白ベースのツーピース・スーツだが、スカートは膝下くらい。そして足下はパンプスかヒールだった、と思う。

一言で表すなら、夜の世界に住む女性の格好か。

ただ、小太りで手足が短い。顔もメイクの割には十人並み以下だと感じた。

整えられた朝の庭というシチュエーションの中、異物感が強い。

（……はあ？）

一瞬呆気に取られたが、すぐに腹が立ってくる。

いうなれば不法侵入だ。何か盗んだり壊したりしている可能性もある。

逃がしてなるものかと、気配を消して玄関へ向かった。

庭の構造上、玄関側から庭に回り込めば、女は奥へ逃げるだろう。だとしたら逃げ場はない。或いはこちらへ突進してきても捕まえることは可能だ。

彼は鼻息荒く庭へ入った。

女がこちらを向いた――が、その瞬間、足から力が抜けそうになった。

そこに立っていたのはスーツの女性だったが、顔が変わっている。

よく知る人物の顔だ。

(嘘だろ)

娘が生まれる直前、事故で亡くなった母親がそこにいた。

いや、顔だけではない。長身痩躯《そうく》の姿も、髪型もこの世を去る直前のままだ。

ただ、白いツーピースの服だけが変化していなかった。

混乱しかない。そんなことがあるのか。

呆然と立ち尽くす彼を見つめているが、その表情からは何も読み取れない。口も動かない。しかし、頭の中に声が聞こえた。

――としのぶ　たすけて

としのぶ。俊宣は彼の名だ。

父と母の名前から一文字ずつ取って付けられた。

懐かしい母の声が、我が名を呼び、助けてと訴えている。

ない表情、動かない口で、繰り返されている。

思わず駆け寄ろうとしたとき、母親の姿が消えた。

それこそ、特撮のワンシーンのような、瞬間的な消え方だった。

母親がいたところへ駆け寄ると、そこには水溜まりがあった。

泥で濁ったような水だった。が、ここ数日雨は降っていない。それにまだ水撒きもしていなかった。


起きてきた娘と妻に話し、庭を見せたところ、二人は眉間に皺《しわ》を寄せた。

そして、実家の仏壇に手を合わせ、墓参りへ行ってはどうかと言う。

「芝生の水溜まりを見ちゃったから、信じるよ」

「うん。お義母さんの供養したほうがいいと思う」

二人に礼を言うと、今日の内に三人で行こうと話が決まった。

その日の午後、無沙汰をしていた母親の実家を訪ねる。

実は、母親は彼が高校卒業した頃に父と離婚して家を出ていた。

それ以降も母子で度々会っていたからこそ相手の動向を知り得たし、こうして今も母の実家を訪れることができる。

とはいえ、既に母方の祖父母もいなくなっており、今住んでいるのは母親の姉だ。

事前に連絡をして家へ上げてもらう。

仏壇に手を合わせたが、何もない。その後、母親の姉に改めて訪れた事情を話してみるが、特におかしなことはないと首を捻る。

お墓にも参ったのだが、そこも変わりがない。

念のため、日を改めて菩提寺の僧侶に拝んでもらった。

何となく大丈夫だという気になった。


その日以降、庭に女も母親も現れたことはない。

ところが、彼は母親の夢を繰り返し見るようになった。

舞台はよく分からない地方都市。その場末のスナック、か。

いやそれよりもっと質が悪い店の中で、母親に会う夢だ。

客は誰もいないのに、周囲には女の嬌声や男の猥雑《わいざつ》な声が満ちている。

何処かの方言なのか、意味が分からない言葉が大量に混じっていた。

母親は派手な服を着た姿でカウンターの前に立ち、じっとこちらを見つめている。

平然とした表情で、何も喋らない。

しかし、何故か〈俊宣、助けて〉と言っていることが分かる。

そしてそのうち目が覚める。

夢の頻度は一カ月に二、三回ということもあれば、立て続けに見ることもあった。

また、夢の回数が増えるにつれて、母親の格好がより派手に、荒《すさ》んだものに変わってきていた。それこそ、息子からすれば目を逸らしたくなるような姿であった。

ただ、夢を見ているだけなのだから、どうしようもない。

毎日母親のために手を合わせるが、それぐらいだ。


庭の女性が、否、母親が現れて数年が過ぎた。

今も彼の家の庭には、青々とした芝が広がっている。

ただ、時々だが母親が立っていたところに茶色く濁った水溜まりができる。

雨が降らなくても、水を撒かなくても、いつの間にか。

何度か、手で掬ってみたことがある。

知らない石鹸臭に、鉄錆と饐《す》えた体臭のようなものを足した悪臭がした。
土を入れても芝を植え替えても、水溜まりは復活する。
彼は思う。
今もまだ、母親は助かっていないのだ、と。
どうやったら救えるのか分からないまま、年月だけが過ぎていく。
そんな中、最近娘が、亡くなった母親に頓《とみ》に似てきた。
ただそれだけだが、何となく厭な予感が湧いてきて仕方がないと彼は言う。
妄想に過ぎないとしても――。

バブル景気も弾けようとしていた頃、今から二十年程前の話になる。

当時大学生だった緒方さんは、学校の近くにある安アパートで一人暮らしをしていた。

周囲の人々は好景気で羽振りが良かったが、彼の実家はそうではなかった。

そもそも大学になぞ通わせてもらえるほどの経済状況ではなかったが、学費の殆どと生活費を自分で稼ぐ、といった条件を彼から提示されて、両親も渋々同意していたのであった。

だが、幾つものアルバイトを掛け持ちしながら学校に通う、といったことは想像以上にキツいものがある。

もちろん、そのような状況下で四年で無事卒業する方々も大勢いるのであろうが、色々な要因が重なった結果、彼は二回も留年していた。

こうなってしまうと、何処となく両親に顔向けできない、といった感情が働いてしまい、次第に実家とは距離を置くようになっていった。

ある日の夕方のこと。

このままこの生活を続けるか、親に謝って費用を捻出してもらうべきなのか。それとも学校には見切りを付けて、働き始めるべきなのか。

精神状態が下降気味で苦悩していると、突然両親の顔を見たくなってしまった。

もう何年も会っていない。会いたい、会ってこのどうしようもない苦悩を吐き出してしまいたい。

そう考え始めるといても立ってもいられず、簡単な身支度を調えて実家へ向かうために駅へと歩き始めた。

〈あっ、まずい。そういえば、電話連絡をしてなかったっけ。でも、まあ、いいか。いきなり行っても別に構わないだろう〉

そのようなことを考えつつ、夕暮れの中、電車に飛び乗った。

普通列車を乗り継いで二時間少しの距離ではあったが、いざ到着してみると足が震える。

それでも、ここまで来たからには行くしかない。

駅から実家までは歩いて十分程度。彼は懐かしい道のりをひたすら歩き続けた。

夜間とはいえ、さすがに何度も通ったこの道は完璧に覚えている。

ほぼ六年振りではあったが、緒方さんは少しも間違えることなく、自宅へと辿り着くはず、であった。

ところが、着いた所は全く見覚えもないような土地であった。

暗闇の中、常夜灯の下で彼は何度も首を傾げた。

〈おかしい。絶対に、おかしい〉

景色にも見覚えがあったので、道中の道のりは絶対に合っているはず。

ところが何故か、到着した場所は全く知らない場所である。

周りには見たこともない建物が所狭しと建っているが、いずれも空き家なのか灯一つ点ってはいなかった。

緒方さんは何げなく、腕時計に目を遣った。時刻は十九時を少し回ったばかりである。

〈……仕方ない〉

小さな舌打ちをしながら、駅のほうへと向かって今来た道を戻り始めた。

そして今度は時折通りかかる通行人に積極的に話しかけて方向を確認しながら、やっとのことで実家のある場所へと辿り着いた。

にも拘わらず、全く納得がいかずに、彼は憮然としていた。

何故なら、一回目と二回目に歩いた道は全く同じで、どうして先ほどはここに辿り着けなかったのかさっぱり分からないからであった。

　しかしながら辺りを見渡していると、懐かしい感覚が戻ってきたのか、いつの間にか落ち着きを取り戻していた。

　久しぶりに見る実家は、何処も変わっていなかった。

　それどころか周りの景色も六年前と何一つ変わっておらず、それがむしろ何故か不安に感じられた。

　彼はまたしても、腕時計に目を遣った。

　そこには信じられない時刻が刻まれていた。

　先ほど時間を確認してから三十分程度しか経っていないはずなのに、何故か今の時刻は二十三時過ぎ。

　そんな馬鹿な。こんなことがあるはずがない。

　そうか、時計の故障か電池切れに違いない。

　そう結論付けて、彼は実家の前で呼び鈴を押した。

　既に家の灯は消えていたが、事情を話せば納得してくれるであろう。

　暫しの間を置いて、玄関から鍵を開ける音が聞こえてきたかと思うと、やけに軋む音を立てながら扉が緩慢に開いた。

すると、瞼をゆっくりと擦りながら、中年の女性が出てきた。

頭にカラーを幾つも巻いて、薄桃色の寝間着を着た小太りの女性であった。

緒方さんは自分の目を疑った。

それもそのはず。

出てきた人物は、見たこともないおばさんだったのである。

一体どのような理由で、実家の玄関から見知らぬ女性が寝間着姿で出てくるのであろうか。

「……え、えーと。あの。ここって緒方さんの家ですよね？」

頭の中が混乱してしまって、思わずおかしな訊ね方をしてしまう。

だが、目の前の中年女性は面倒臭そうにこくりと頷くだけであった。

「……晃子さんはいらっしゃいますか？」

彼は咄嗟に、自分の母親の名前を出して訊ねてみた。

寝間着を着た中年女性は相も変わらず面倒臭そうにしながら、ぼそりと呟いた。

「……アタシですけど。何か用なんですか？」

抑揚の全くない、人間味の感じられない低い声。

もちろん、そんなことがある訳がない。この女性は自分の母親とは似ても似付かないし、声も全然違う。

我慢できずに、緒方さんは首を少しばかり動かして、扉の中から家の中をちらりと覗き見た。

ところが、何処からどう見ても自分の実家に違いなかった。

徳利と帳面を持った狸の置物も相変わらずあったし、父親が趣味で書いた懐かしい油絵も垣間見えた。

「……あの。何か用なんですか？　あんまりしつこいと……」

不審そうな視線を浴びせ掛ける中年女性の眼差しに耐えきれず、彼はぺこりとお辞儀をして、その場から立ち去った。

〈仕方ない。アイツに連絡してみよう〉

そして近くの公衆電話まで駆け足で到着すると、ジーンズのコインポケットからメモを取り出そうとした。

そこには中高時代によく連《つる》んでいた友人の電話番号が記載されていた。

彼とは大学進学を境に自然と疎遠になっていたが、地元で働いていることだけは噂で聞いていたのである。

しかし、小さく折り畳んだコピー用紙は生地にぴったりと貼り付き、小さいポケットと相まって、なかなか取り出すことができない。

電話の前で悪戦苦闘していると、いつの間にか周囲が騒がしいことに気が付いた。

まるで雑踏の中に紛れているような感覚に囚われているが、もちろん周囲に人の気配はない。

右手の親指と人差し指はコインポケットの中を弄りつつ、視線は辺りへ向ける。

彼の動きが、ふと、止まった。

心臓の鼓動だけが異様に激しくなっていき、左胸に違和感すら感じている。

それもそのはず。

真っ黒に蠢《うごめ》く得体の知れない物が、彼の周りをびっしりと埋め尽くしていたのだ。

後足がやけに発達した、まるでバッタを思わせる形状をしているが、跳びはねている訳ではない。

身体に比較してやけに大きな後足を奇妙に動かしながら、緩慢な動作で地べたを這い回っている。

しかし、身体全体が影のようで、頭部や身体の表面まではよく分からなかったが、怖くて対峙する勇気がない。

辛うじて目に入ってきた部分から判断するに、どうやら昆虫特有の触覚は見当たらないし、頭部もやけに丸みを帯びている。

しかも、頭部は髪のような長い毛で覆われているようで、蠢く度にそれらしきものを振り乱しているではないか。

まるで、小型の人間が四つん這いになっているとしか思えない。

煙草の箱程度の高さをした夥《おびただ》しい数のそれらが、公衆電話に佇む緒方さんを取り囲んで蠢動《しゅんどう》している。

悲鳴を上げそうになるが、喉の奥がぴったりと張り付いており、情けない声しか出てこない。

どうしよう。どうすればいいのか。

奴の姿が目に入らないように、彼は公衆電話のコイン投入口を睨み付けた。

しかし、視界の隅っこに奴の姿がまたしても入ってくる。

やけにボコボコした顔面は、まるで少年のにきび面のように、ねっとりとした粘着性すら感じられる。

ヤバい。これは絶対に、ヤバい。

どうやって、ここから逃げ出そうか。

そのことだけがぐるぐると頭の中を駆け巡っていると、無意識にポケットの中に突っ込んだ右手が、紙片と十円玉を掴んだ。

　彼は苦心して取り出した紙片を凝視しながら、公衆電話機に硬貨を投入すると、必死の形相でボタンをプッシュしたのである。

　そして旧友の助けを呼ぶと、周囲を動き回る何かに視線を浴びせかけながら、必死で牽制していた。

　やがて友人の軽自動車が到着した辺りで、そいつらの姿は影も形もなくなってしまっていた。


　結局、彼はそのまま友人宅に泊まり、翌朝実家へ電話を掛けてみた。

　両親は物凄く喜んでくれて、今すぐにでも来いと急かされるほどであった。

　今回は友人に付き添ってもらい、実家のある場所へと向かった。

　昨晩と同じ風景、同じ道、更には同じ家へと辿り着いた。

　しかし、そこから出てきた人物は、確かに両親であった。

　彼は昨晩体験したことが信じられずに、そのことを両親に説明することにした。

　だが、案の定、そんな訳あるかとこっぴどく笑われただけであった。

「でも、絶対に実家だったんですよ、あの家は」

そう頑なに断言する緒方さんが見た中年女性は、一体何者であったのだろうか。

そして、夥しい数で彼を取り囲んだ、不可解な異形の何か。

その正体に至っては、未だに想像すら適わないのである。

然も似たり

今から二十年程前、都内の会社で営業職に就いている樫村さんが、中国地方のとある都市へ出張したときの話。

商談も恙《つつが》なく終わって客先を出たとき、時刻は十八時を回っていた。

大分日も短くなって薄らと夕闇が迫ってくる。

彼は夕映えにちらりと一瞥をくれると、そそくさと会社に電話報告を一本入れた。

そして、それが終わるや否や、思わず人目も憚《はばか》らずに大きな伸びをした。

それもそのはず。明日は土曜日で会社は休み。これからは、待ちに待った自分の時間なのである。

このまま予約していたビジネスホテルへチェックインした後は、地元の旨いものでとことん呑もうとあらかじめ画策していた。

「そりゃ、あんな遠くへ出張したんですからね。多少は愉しまないと」

今晩はゆっくりと食べて呑んで、明日の昼前にホテルを出れば、帰りの新幹線の時刻に充分間に合う。

そして日曜は自宅で寛いでから、月曜からは通常運転、との予定であった。

樫村さんは事前に調べ上げた、行く予定の食い物屋と飲み屋の住所をプリントした紙を取り出した。

そしてそれを熱心に眺めながら、タクシーへと乗り込んだ。

自分一人ではとても食べきれないような刺身の盛り合わせや、今まで呑んできたものとは明らかに違う美酒を堪能して、樫村さんは大満足であった。

紅潮した頬で作られた恵比寿顔は、通りかかる人々が思わず二度見する程だったに違いない。

酒量には自信があったが、一人で三軒目ともなると、そろそろ限界が近付いていることが自分自身で分かるものである。

「もう、腹もいっぱいだったし、これ以上は危ないな、と」

酔いを少々覚ますべく、彼は駅まで歩くことにした。

これまたあらかじめ辺りの地図をプリントしておいた紙を取り出して、それとにらめっこしながら気持ち千鳥足で駅へと向かっていく。

しかし、何処となくおかしいことに気が付いたのは、十数分歩いた後であった。

最後に呑んだ飲み屋から駅までは、最短で徒歩約五分程度。若干酔っているとはいえ、既に十数分歩いたにも拘わらず、全く辿り着く気配が感じられない。

むしろ、店や街灯の数も次第に少なくなっていった。

ここで自分の間違いに気が付いて、一旦元の場所へ戻ってみればいいものの、残念ながらそれをしなかった。

自分の方向感覚に自信を持っていたが故、とんでもない所に迷い込んでしまったそう。彼はいつしか、泳ぐような闇の中、必死の形相で何処とも知れない目的地へと向かい、闇雲に歩いていたのである。

時折携帯電話で灯を点しながら、握り締めすぎてぐちゃぐちゃになってしまったプリント用紙に視線を巡らすが、もはやどうしていいのか分からない状況になってしまった。

とにかく灯のある、人通りの多い所に向かうべく歩き続けるが、それらの気配は一向に感じられない。

繁華街から少々離れただけで、これほど深い闇とは。

何処となく感心しながらも、彼はとにかく歩き続けた。

やがて袋小路に突き当たってしまったらしく、目の前にはこぢんまりとした門構えが立ちはだかった。

漸く現れた弱々しい月明かりに照らされた、薄汚れた表札が目に入ってきた。

そこには、樫村、と書いてあった。

あれれ、ウチと同じじゃないか。心なしか、表札や字体まで同じに見えてくる。

そう思いながら、建物へと視線を向けた。

そこには、見慣れた光景が広がっていた。いや、見慣れていると言っても、明らかに違う。

だが、彼は自分の目が信じられなかった。

目の前にある二階建ての小さな一軒家。それは自分の自宅と瓜二つであった。

家屋の形状や外壁の種類、そして家までも全く同じ。

ただ違っているのは、自分の家は現役で、目の前のこの家は朽ち果てた廃墟、といったことである。

辺りは名も知らぬ雑草に覆われて、雨風に曝《さら》された屋根や外壁は所々朽ち果て、窓ガラスは既に割れていた。

しかし、アルコールは実に怖いものである。

酔いで気が大きくなった樫村さんは、普段では考えられないような行動に出た。

辺りに人の気配が感じられないことを幸いに、彼はガラスの割れたサッシから室内へと侵入したのである。

もちろん、懐中電灯など持ってはいない。折り畳み携帯電話の儚《はかな》い灯を頼りに、堂々と押し入った。

荒廃していて確かとは言えなかったが、室内の様子も自宅と瓜二つであった。

仄《ほの》かな灯で足下を照らしながら数歩進んで、左側に引き戸がある。

ドアの取っ手に灯を集中させてみたものの、何処からどう見ても自宅のそれにしか見えない。

何処からともなく家屋に侵入した蔓植物の絡み合った扉を、力任せに右側へと滑らせた。

大した苦もなしに開かれた扉の向こうには、予想とは異なる光景が広がっていた。

ここまで自宅と同じであるならば、使い古した家具調炬燵《こたつ》とテレビがあるはず。

確かに、直前まではそう思っていた。

だが、目の前には安っぽい折り畳みのテーブルがぽつんと一つ置かれているだけだ。

ただし、その紅白ストライプ模様の悪趣味な台の上には、未開封のワンカップ日本酒と小皿の上に立てられた火の点いた白い蝋燭《ろうそく》。

そして、それらの中央には見慣れた人物の写真が飾られていたのだ。

それは妻の写真で、しっかりと黒い縁取りが為されていることから、誰がどう見ても遺影にしか見えない代物である。

更にその遺影の前には、妻が大切にしているはずのダイヤのペンダントが無造作に置かれていた。

それは結婚記念日に贈ったオーダーメイド品で、決して見間違えようがないものであった。

意味が全く分からず、疑問符だけが頭の中を埋め尽くしていく。

これは一体、何の冗談であろうか。

妻は自宅で元気にしているはずである。

一体、誰がどのような目的で、こんな悪戯をしているのか。

誰に対する怒りなのか不明ではあったが、とにかく彼は頭に血が上った。

そして、あろうことか、目の前にある遺影の載ったテーブルを思いっきり蹴飛ばしたのである。

その瞬間、自分のしでかしたことをすぐさま後悔した。

テーブルには煌々《こうこう》と火の点った蝋燭があったはず。このような廃墟でそんなことをしてしまえば、結末は目に見えている。

しかし、その心配は別方向への恐怖に変化した。

確かに燃えている蝋燭はどす黒く変色した畳の上に転がった。

ところが、炎は周りに延焼することなく、その姿を大きくし始めた。

驚愕する彼の目前で、それは次第に人形《ひとがた》へと変わっていき、いつしか見慣れた女性の姿へと変貌を遂げたのである。

柔らかそうな笑顔を携えた、何処からどう見ても妻であった。

「……だから……」

この妻にそっくりな姿から、これまた聞き慣れた声が発せられる。

ひょっとして、これは夢ではないだろうか。

自分は恐らくまだ自宅の布団の中にいて、隣では妻が寝息を立てているに違いないのではないか。

そう。それだったら、いいのにな。

何げなくそんなことが頭を過った途端、妻そっくりの姿が、鬼の形相に一瞬で変わった。

「……だから……だからやめてって言ったじゃない！」

射抜くような眼差しが、彼の精神に深く突き刺さる。

えっ、と思ったそのとき、背後から目の前にぬっと突き出された手のようなものが、緩慢な動きで目隠しをしてきた。
その掌はまるで氷のように冷え切っており、微かに黴臭かった。
あああああああああああっ！
あらん限りの大声を張り上げながら、彼はその場から全速力で駆け出した。
散々道に迷った後にも拘わらず、何故かまっすぐホテルに辿り着くことができた。
部屋に着くなり、彼はすぐさま自宅へと電話を掛けた。
だが、いつまで待っても誰も出ない。
その後すぐに妻の携帯電話へと掛けてみたが、こちらも何の反応もない。
どうしよう。どうすればいいのだろうか。
ふと部屋の時計に目を遣ると、時刻は夜中の三時を回っている。
そうか。もうこんな時間だったのか。だったら仕方がないな。
朝になったらすぐにチェックアウトして、自宅へ帰ろう。
そう思いながら、まんじりともせず一夜を過ごした。

「あれれっ、どうしたの？」
帰宅するなり、何でこんなに早く帰ってきたの、とばかりに妻が驚いている。

折角ゆっくりしようと思ったのに、と愚痴まで零された。

彼は、出張先で体験した意味不明な出来事を詳しく説明した。

もちろんどんなに一生懸命説明しても、彼女は一切信じない。

当然と言えば当然ではあるが、しかし、だとしたらあの出来事は一体何だったのであろうか。

「そもそも、電話なんて鳴らなかったし……」

そう言いながら取り出した携帯電話の画面を、彼に向かって差し出した。

確かに、着信の画面にはその痕跡はなかった。

だが、そのとき、〈ピン〉と機械音が鳴り、その画面に彼の名前が表示された。

一台の携帯電話を前に、二人とも無言で暫し立ち尽くした。

それから暫くして、休みを利用して二人で旅行へと出かけた。

目的はもちろん、例の廃墟である。

だが、丸一日以上探し回っても、あの建物を発見することはできなかった。

あれから二十年経過したが、彼ら夫婦に大きな不幸は訪れてはいない。

ただ、今でも偶にあの遺影を思い出すことがある。
そして、その度に背筋が凍る程の恐怖感に襲われてしまうのであった。

物件X

小室さん一家が引っ越したのは郊外のとある戸建て中古住宅だった。

内心、彼女は古くて嫌だった。御亭主も内見時にはあまり気に入らない様子だったのに、数日してから急に考えを変えたようだった。

「他にもいい物件沢山見たのに、どうしちゃったんでしょう。急に取り憑かれたみたいに」

取り憑かれたとは穏やかでない。

仮にその物件をXとしよう。Xは古くて陰気な物件だった。

彼女の言う「取り憑かれたみたい」とはこの場合、新しい物件を見ても比較対象が常にその物件Xになってしまっている状況を指す。

「『この物件はしっかりしてるけどXほどリフォームできない』とか『この物件は新しいけどXのほうが道路に近い』とか『Xのほうが庭が広い』とか——」

当初、小室さんも「何でそこで比較対象がXなの？」とは訊いたが、逐一訊くうちに面倒になってしまった。御亭主も上手く答えられないことのほうが多かったせいもある。

業者も御亭主の熱意に当てられたものか若干引くような感じで、気が付くと随分有利な条件を引き出していた。

物件Xは不可解な建物だった。

日当たりは良いのに暗く、庭は広いのに狭く感じる。外から見たのとは段違いに間取りが狭い。

ガレージに車が二台入るのと、水場が近いのに異様に乾燥しているのだけが救いだった。

「結局、その物件で決めたんです。リフォーム前提ですけど」

そこに引っ越してから暫く何事もなく日々が過ぎた。

小室さんは早くリフォームしてほしいと思っていたがなかなか手配が進まないようで、とにかく腰が重い。

「水道の配管を確かめないと」

「庭に施工業者が入れるようにしないと」

どうも言い訳染みて聞こえた。どちらも購入前に調べの付いていたことでもある。

そもそも入居前に大規模リフォームするのが条件だったはずなのに、ローンの関係かそれも有耶無耶《うやむや》になってしまった。

ある日の午後、彼女が仕事に出ているときに携帯が鳴った。新たに勤め始めたパートの事務をしているときだ。

何事かと思って携帯を見ると、番号は十歳の長男からだ。

「『家が火事だ』って言うんです。『消防にも電話した』って。幾ら気に入らなくっても火事は焦ります。マネージャーに言って、慌てて家に跳んで帰ったんですが――」

消防車が二台来ていた。救急車も来た。

一時間近く調べたが結局煙一つ出てはおらず、誤報だとされた。

十歳の子供からの通報であったのでお咎《とが》めも何もなく、近所の人たちからも「何事もなくてよかった」と言われた。

何事もなくてよかった――。

確かにその通りではあるが、小室さんとしては一息吐いた後はそうも言っていられない。消防やら近所への挨拶、職場への説明などやることは山ほどある。

息子さんは申し訳なさそうにしていた。

「どうして火事だと思ったの？」

「ベルが鳴ったから……。学校で聞いたもん」

引っ越しに際し、火災報知器は最新式に置き換えられた。それまでは現在の基準を満たさない配置で、方式も古いものだった。

消防が確認したところ、その火災報知器が反応した形跡はないのだった。

ならば火災を報せるベルが鳴ったはずはない。

とにかく、異常があったらまず自分に電話するよう言い含めてその件は終わった。

それから丁度一週間して、また仕事中に小室さんの携帯が鳴った。

十歳の長男からだ。

『火事のベルが聞こえる』と訴えるのだ。

七歳の次男もいて、怯えている。今、この電話の間もそれが鳴っているという。

携帯を耳に押し当てて息を潜めてはみたが、それらしい音までは聞こえない。

先週と同じ曜日、時刻も先週とほぼ同じ、午後四時三十七分。

これが五時丁度とかならば、自治体の放送か、遠くの学校のチャイムが聞こえているだけという可能性もあり得た。

「ちょっと考えて、次の週はお休みして家にいることにしたんです。マネージャーも『そのほうがいい』って言うんで」

翌週、小室さんは家でその時刻を待ち構えていた。

二人の子供も心なしか緊張した面持ちで、そのときを待っていた。

午後四時半を回り、先週と同じならそろそろ火災報知器が鳴り始める頃だろうかと思う。

四時三十四分。

ベルが鳴り響いた。

予想していたより小さな音だ。

「――これ?」

子供達に確認すると、二人とも無言で頷く。

一瞬外で鳴っているのかと思ったほどだが、窓から顔を出して確認すると屋外では全く聞こえない。

家の中で鳴っているのは間違いなさそうだ。

ジリリリリ――。

子供達が騒然とし始めた。

ジリリリリ――リン。

小室さんは音の出所を追った。

暗く、狭い廊下に出ると騒音は大きくなった。廊下の奥、台所のほうから聞こえる。確かに——火災報知器と言えば、そうだ。

ところが恐る恐る台所を覗くと、どうやら音は台所からではない。

音は、階段の更に奥から聞こえる。

上階からでもなく、階段のステップの向こうからだ。

階段の裏側——そこは一見すると壁だが、小さな扉が付いていて収納になっている。そこにはまだ何も収納していなかった。

開けてみれば階段下の収納は見事に空っぽだ。収納としては気が利いているのに、階段の脇が狭く、扉も小さいので使い道がない。

だがベルの音は一層けたたましく、いよいよ近い。

空っぽなのに、音だけはする。彼女は身を屈めて収納に入り、壁に耳を近付けた。

薄いベニヤの壁だ。音はその向こうから聞こえる。

彼女が予想したのは目覚まし時計だ。

きっと前の住人が何処かの隙間から落とした目覚まし時計の類だ。そのスイッチが何かの拍子に入ってしまったのだろう。

(でも、何で週一なんだろう？)

目覚ましなら毎週どころか毎日、いや、日に二度この音に悩まされることになる。

彼女は深く考えるより焦った。

どうにか取り出さなければならない。

相変わらずジリジリとベルは鳴り響いており、狭い階段下のスペースで反響している。

身体を屈めたままふと壁の隅を見ると、そこで板が少し浮いているのが分かった。

指を入れて手前に引くと、ベニヤ全体が撓《たわ》んで簡単に剥がれそうだ。


「家を壊すのって何て言うか——思い切りが要るじゃないですか」

本能的なものなのだろうか。ぺらぺらのベニヤ一枚であれ、壁を壊すのは避けたい気持ちがある。

「でもそのときはどっちかって言うと『やってやれ』的な、『えい』って」

このときばかりは、小室さんは躊躇《ためら》わなかった。

良い悪いではなく、むしろ憎悪に近い気持ちが勝った。物件Xに対する憎悪だ。

彼女はベニヤを剥がした。

むき出しになった細くて柔らかい木組みの先に暗がりが現れた。

（——部屋？　いや、隙間？）

配管は通っていない。

埃っぽいただの空間だ。

でも、がなりたてるようなベルの音はそこから響いているのはもう間違いない。

「ライトある？」

息子に聞くと、長男は既にスマホを持ち出していた。

それを明かりにして暗がりを照らすと、そこにあったのは黒電話だった。

「黒電話でした。息子達は黒電話の存在自体知らなかったので——私も実物見たのは初めてでしたけど、思い込みっていうのは怖いですね」

だから火災報知器と聞き違えたのだろう。

しかし幾ら何でも電話の小さなベルとけたたましい火災報知器を間違えるだろうか。

「狭くて反響してたせいもあるんでしょうか。本当に迫力って言うか何て言うか——」

怖かったという。

用途不明の小部屋の暗がりで、反響する金属音をがなりたてる古い黒電話。

その音に気圧《けお》されて、身動き一つできないうちに——ぴたりと音が止んだ。静かになる。子供達も何も言わない。

すると急に疑問が溢れ出す。どうして入り口すらない収納だか空きスペースだかに、電話が引かれているのだろうか。

思わず電話機から延びる電話線を辿ると、途中の小さな変換ボックスを経て見覚えのあるモジュラーケーブルになり、更に壁のジャックへと繋がっている。

「それって余計に不気味じゃないですか？」

線は繋がっていませんでした、ということなら「怖い話ですね」で済む。そのほうがまだしも理解できるのだ。

壁にモジュラーがありました、電話はそこに繋がっていました、となるとこれは人為的だ。

契約者がいることになり、その契約者は敢《あ》えてそこに電話を設置していたことになる。

（——誰が？　いつから？　何のために？）

小室さんは早急にそれを調べなければならなくなった。

電話のことは誰にも話さないよう子供達に釘を刺し、御亭主にも伝えなかった。

それとなく仲介業者にも訊いたが、業者も電話のことは知らないようだった。業者によると前の所有者は短い期間、何人かに貸していたがそれも長くは続かなかったらしい。

しかし業者の弁を信じるなら苦情の類はなかったという。

あの電話を解約しようにも契約者も電話番号も不明だ。

電話番号案内サービスにも頼ったが、住所だけあっても電話帳に載せていない番号は教えられないという。

そこで彼女は思いついた。

その黒電話から、自分の携帯に電話をすればいいのだ。電話線が繋がって、呼び鈴がなるくらいなら当然それができる。携帯の画面には発信者の番号が出るはずだ。

契約番号と住所が分かれば、契約者が不明でも解約なり何なりすんなりできるだろう。

小室さんはすぐに懐中電灯と携帯を持ち、階段下の収納の更に奥へと潜り込んだ。

ベニヤ板を外して暗がりを照らす。

電話は確かにそこにあった。

受話器やらダイヤルやら、白けるほど埃の積もった古いものだ。

その埃にひっかき傷のような跡が沢山残っている。

鼠だろうか、と彼女は思った。

ティッシュで埃を払い、ダイヤルを回す。

(何か違う気がする)

慌てて受話器を取ってやり直した。

まず音を確認。

ツーという音が受話器から聞こえている。これが聞こえるなら、回線は正常だということだ。

ダイヤルに指をかけ、自分の携帯の番号を一桁ずつ回してゆく。

(でも黒電話から携帯って繋がるのかしら)

回しながら、ダイヤルがゆっくりと戻る間にふとそう不安になった。

携帯の電話番号も十桁から十一桁と変わっている。でも桁数はあまり重要じゃないのかもしれない。

漸く番号を回し終えると、受話器から呼び出している音が聞こえてきた。

自分の携帯を見る。

しかし着信はない。

暫く呼び出しても、携帯に着信が来ないのだ。

（間違えたのかな）

すぐに受話器を置き、もう一度、間違えないように慎重にダイヤルを回す。

今度は確実だ。

だがやはり、呼び出してはいるものの、携帯に着信しない。

（やっぱり黒電話から携帯には掛けられないのかな）

諦めようとしたときだ。

〈ガチャッ〉

回線の向こうで、誰かが電話に出た。

酷くくぐもった、水の中にいるような声で「もしもし」と聞こえた。

（え――）

自分の声だ。

声もかなり遠く、物凄く聞き取りにくかったがそう直感した。

自分は携帯に出るどころか、着信してすらいないのに。

小室さんは絶句した。

回線の向こうの小室さんらしき人物も、訝しむでも電話を切るでもなく、フゥと息を吐いたきり黙っていた。

『すみません、間違えました』の一言が言えない。

そのうちに、相手は一方的に何かを語り出した。

ぼそぼそととても聞き取れないが――何かを言い立てている。

(聞いちゃいけない)

小室さんは咄嗟に受話器を叩きつけた。

壁のモジュラージャックから線を引き抜き、暗がりを飛び出してベニヤを立てて外へ逃げた。


あの声が気になって仕方がないと小室さんは語る。

回線を引き抜いてから夕方に電話が鳴ることはなくなった。

だからもう、あの電話のことは何も見なかったことにして、忘れることにした。

「いいですよね。別にうちの口座から引き落とされるわけじゃないもの、契約がどうでも関係ないですし。何でそんなこと気にしてたのか、今思うと馬鹿みたい」

謎の小部屋と電話は、今もそのままだという。

リフォームの際に結局そこのことは言い出せなかった。

そこをそのままにしたことは、半分は気に入らない家を買った御亭主への当てつけでもあったのだというが、今は少し後悔しているようだ。

「何度もリフォームするうちに、段々愛着が湧いてきたんですよね」

二階テラスや菜園、広いリビング。

リフォームを繰り返す度に住みやすい家になっていった。

それでも家の中に、妙な暗がりは残っているという。

がない

元号がまだ平成だった頃――和田さんの院生時代の話である。

溜まった雑務と研究発表で連日家を空けたことがあった。

「でもそのときは四日くらいですかね」

四日ぶりに帰宅した彼は無気力が極まっていて、休むでもなく寝るでもなく、まして掃除などするつもりも起きなかったのであるが、ただ本棚の本が何冊か落ちていたのに気付いた。

「地震でもあったのかなぁって」

調べてみると確かに局所的な地震はあった。でも震度は二。とても本が落ちるような震度ではなかった。

ならば泥棒かと肝を冷やしたが、侵入された形跡はなく、盗まれたものも思い当たらない。

「最悪は『親が来た』なんですけど、それもなくって」

その出来事は、正確にはそれがきっかけだったのかどうかも判然としない。

何故なら、彼が異常に気付くのはそれから数日経ってからだからだ。

「それで翌週、その本が必要になったんですよ。そのとき落ちていた本に、ですね」

その本を開いても最初のうちは気付かなかった。違和感もない。

ただそのうち少し違和感を覚え始めた。

何度も引用箇所を探しているうちに、はっきりとおかしなことに気付いた。

消えている文字があるのだ。

脱字ではない。

まるで虫食いのように、紙面から所々文字が空白に化けており、そこに文字が存在しない。

普段から質の低いＰＤＦを読み慣れている彼は、抜けには気付きつつもあまり気に掛けなかった。

「そのうちに気付いたんですよ。消えてる文字が『わ』と『れ』なんです」

思わず「『ね』、は無事なんですか？」と訊いたところ、「ね」は無事らしい。

和田さんは本を最初から最後まで捲ってみて、「わ」と「れ」が消失していることに気付いた。

虫食いでもない。

印字された文字が消えてしまった。

インクのせい……ということもない。特定の文字だけに別のインクが使われることなど考えられないからだ。

「平仮名だけってのも変じゃないですか。他の文字も消えているはずだと思って」

本棚から洋書を取って捲った。

Qとqの文字が消えている。これは単語でそれほど使われない文字で、パッと見は単語区切りの空白と区別が付きにくく、探すのも大変だった。

ただ数式には多用されるため、式が意味不明になっているところを見つけて和田さんは段々面白くなってきた。

「平置きしてた本とか、研究室に置いてた本は何ともないんです。新しく買った本も。あるときまで、本棚にあった本だけがそうなってたんです」

自分がおかしいのかとも思ったけれども、そうなると何らかの病気とも考えにくい。

困ることもなかったが、数式が歯抜けでは気持ちが悪かった。

そこで和田さんは、ペンで空白にQを書き入れた。

「半月くらいして気になったのでもう一回開いてみたんです」

すると、確かに書き入れたはずのQの文字は再び消えてしまっていた。

「油性ペンで書いたのに、まるで何にもなかったかのような空白だけなんですよ」

その後、彼は再びQの文字を数式に書き込んだそうだ。


二度目に本にQを書き込んでから、一週間ほどした日の晩遅く。

日曜で、彼はデスクの傍の液晶テレビで、録り溜めたアニメを消化していた。

ふと画面が暗転したとき、きついグレアの液晶画面に自分と背後が映った。

思わずそこで彼は再生を一時停止する。

画面に映り込んだ自分の背後の本棚が見えたからだ。

その本棚の、本と棚板の間から細い腕が伸びている。

彼は息を呑んだ。

まるで本棚の後ろに誰かがいるようだが、その後ろはすぐ壁だ。

見間違いか。

それともハクビシンか何かか。

(そうだ、ハクビシンだ)

古いアパートだ。屋根裏にハクビシンが住み着くことはある。

きっとそうだと彼は思った。

振り向いた。

だがそこにいたのはハクビシンなどではなかった。

本棚の奥で窮屈そうに身を屈めた何者かが、こちらを見ながら手を伸ばしている。

男か女かも分からなかったが、その指の爪には紫のマニキュアが塗られていた。

本をバタバタと落としながら、その腕は本棚から出ようとしていた。


「気絶っていうか、多分、過呼吸起こしたと思うんですよ」

気が付くと彼は、アパートの外廊下で倒れているところを大家さんに助けられていた。

「助けられたとき、『いきゅうしゃ、いきゅうしゃ』って譫言《うわごと》みたいに言ってたらしいんですよ。自分でもよく分からないですよ。何せ、自分の名前も言えなくて大家さんが伝えてくれたらしいですし」

彼は自分の名前も言えなくなっていたらしい。
彼の本名のフルネームには「わ」も「れ」も入っていた。
その後すぐ引っ越した。
引っ越しのとき、本棚の後ろから奇妙なメモ書きが出てきた。
全く身に覚えがないその紙には「い」とだけ書かれていたという。
本も本棚も始末したそうである。

封印

「何処から話せば良いものか……」

年齢の割に小洒落たスーツ姿の一条さんは話し始めた。

彼は都内に勤めるサラリーマンで、近隣県にある小都市の一軒家に住んでいる。

夫婦、子供、両親の五人暮らしであった。

「あれは、確か。そうそう、一番最初に気が付いたのは亮だったかな……」


「ねぇ！　この水、臭くない？」

息子の亮君が、由美さんに声を掛けた。

夕食後の洗い物の手伝いをしていて、気が付いたらしい。

「うーん、そんな気もするけど、よく分からない、かなぁ」

彼女は蛇口から出てくる水道水に鼻を近付けてみるが、どっちとも言えないために微妙な顔をせざるを得ない。

「そうかな。何か変な気がする」

居間にいた一条さんがやってきて、蛇口から水を流し始めた。

指で濡らして一舐めした途端、苦虫を噛み潰したような表情をした。

「やっぱり、怖いからさ。明日にでも水道局に訊いてみよう」

何処となく腐ったような味が口内に広がっていくような感じがした。

何かあってからでは遅いので、とりあえずは口に入れる水はミネラルウォーターを使用することにした。

普段からミネラルウォーターはふんだんに備蓄していたし、そのこともあって、あまり深刻には捉えていなかった。


しかし、ごく当たり前の日常はあっという間に変貌を遂げていく。

翌朝、同居している老母が階段を踏み外して、二階から転がり落ちてしまった。

少しばかり頭を打ったようだったが、意識もはっきりしており、身体に異常は感じられなかった。

救急車を呼ぼうとしたものの、落ちた本人の強い希望もあって家で様子を見ることにしたのである。

一条さんは心配をしながらも会社へと出かけた。しかし、由美さんからの電話ですぐさま自宅へと戻るはめになってしまった。

実際、老母は彼が出かけて間もなく気分が悪いと口に出したかと思うと、嘔吐《もど》し始め、そしてそのまま意識を失って病院へと担ぎ込まれていたのであった。

手当の甲斐なく、彼女はその日の内に帰らぬ人となってしまった。

死因は転落による脳内出血であった。

「何か、黒い毛だらけのボールみたいなものに足を取られた、って言ったんだけどね。ええ、野球のボール大の」

涙で両目を腫らした由美さんによると、老母は転んだ直後にそう言ったとのことである。

しかし、一条さんだけでなく家族全員が理解していた。家の中にそのようなものは存在しないことを。

次の不幸は、それから間もなくやってくることとなる。

葬式の準備でてんてこ舞いの忙しさの中、連れ合いを失ったばかりの老父がおかしなモノを目撃した。

それは一見、人間の顔のようにしか見えなかった。

白髪の頭を短く刈り込んだ、六十歳くらいの男性の顔であった。

鋭い眼光とやや紅潮した頬に、胡麻塩のような無精髭《ひげ》を散らしている。

もちろん、見ず知らずの顔であったが、その首だけの存在が蛾のように家の中を浮遊していたというのだ。

しかもそれは立体感がなく、まるで紙にプリントされたもののようにペラペラの存在であった。

驚愕した父親の視線に気付くと、そいつは薄ら笑いを浮かべながら壁の中へと消えていった。

その夜のことである。

夕食を摂っていた老父は、顔面を紅潮させて突然苦しみ出した。

慌てふためいた一条さんはすぐに救急車を呼んだが、父親の顔色は紫色に変化しており、尋常ではない状態であることが一目で分かる程であった。

漸く現れた救急隊員によって病院へと担ぎ込まれたものの、既に心肺は停止していた。

誤嚥《ごえん》による窒息死であった。

続けざまに両親を亡くしてしまい、一条さん夫婦の精神状態はどん底まで堕ちていた。

気丈な由美さんは、一生懸命家事をこなして、更に夫を元気付けるよう尽力した。

息子の亮君も、自分から積極的に両親の手助けをするようになった。

彼らの助けがあったからこそ、無事葬式を執り行うことができたのであり、これからの生活に希望が持てるのでもあった。

だが、家の中では相変わらず異変は続いていたのである。

例のぺらぺらの首は昼夜関係なく家の中を縦横無尽に飛び回り、不気味な薄笑いを浮かべて消えてしまう。

廊下や階段を歩いていると何かに蹴躓《つまづ》いて転びそうになることが多々あり、視線を足下に向けると、黒い毛玉が消えゆく瞬間を目の当たりにするのであった。

幾ら何でも、物事には限界がある。

親戚の勧めで、隣県の住職に来てもらったこともあった。しかし、結構な額のお布施を納めたのにも拘わらず、効果は一切なかった。

また知人の紹介で、霊能者に相談したこともあった。その霊能者の指示で色々試みてはみたものの、こちらも効果があったとは思えない。

何をやっても、誰を頼っても、状況は一向に変わらない。

やはり、あの住職や霊能者が口を揃えて言った通り、この家もしくは土地に問題があるのではないだろうか。

何事もなく四十年以上も住んでいたので、信じ難くはあったが、もはやこれしかないのかもしれない。

もう、潮時かもしれない。

藁をも掴む思いで、もはや引っ越すしかない、と考え始めていた、その矢先。

由美さんが妙なことを言い始めた。

彼女曰く、何処かで見たことがあるという。

勝手気儘《きまま》に家の中に現れる、あの首だけの存在。その顔を、何処かで見た記憶があるというのだ。

しかし残念ながら彼女は一向に思い出すことができずに、悶々とした日々を過ごしていた。

だが、ある晩のことである。

「そうそう！　あそこよっ！」

由美さんは甲高い声でそう言うと、スタスタと父母の部屋へと向かっていった。

その部屋は、彼らの生前と何一つ変わっていなかった。

もちろんいつかは整理整頓しなければならなかったが、暫くはそれをする気になれなかったからであった。

彼女は老父が愛用していた黒檀《こくたん》の机の前に立つと、片っ端から引き出しを開け始めた。

暫くして、何かの紙片を探し当てた。

「これよっ！　これっ！」

彼女は震える手で、その紙片を机の上へそっと置いた。

それは、この家をバックに父母を撮影した、一枚の写真であった。

写真の古さと二人の年齢から言って、恐らく新築当時のものらしかったが、すぐにその異常に気が付いた。

そこには、幾体も不可思議なモノが映り込んでいる。

あるモノは外壁の陰から、そしてあるモノは二人の間から、まるで覗き込むように姿を現していた。

とりわけ一番明瞭に写り込んでいるのは、窓枠から覗き込んでいる、白髪の短い頭髪が特徴的な、六十歳くらいの男の顔であった。

一条さんは一目で分かった。この顔は、家の中に現れるアレと同じモノであると。

亡き老父母の部屋に、沈黙が訪れた。

しかし、その沈黙はいつの間にか部屋に入っていた亮君の泣き声で破られた。

「ああ、この子は何か知ってるな、って思ったんですよ」

泣きじゃくるだけでなかなか話そうとしない息子を、根気よく宥《なだ》めながら事情を訊いてみたところ、次のようなことであった。

この写真は、亮君がこの部屋の本棚で見つけたものらしかった。

遊んでいるうちに本棚から本を落としてしまい、偶然かどうかは不明であるが、とにかくその中から黄色い紙が零れ落ちた。

「どうやら、それには簡単に開かないように封がしてあったみたいなんです。ええ、何か文字が書いてあったらしいんですが」

だが、小学校低学年の子供に、それを危険と感じ取る感性はまだなかった。

彼は何も考えずに、封を破いて剥がし取ると、黄色い紙に包まれた写真を取り出してしまったのだ。

それが、水道水の臭いと味に異変を感じたあの日の出来事である。

更には、父母の部屋を掃除しに訪れた奥さんが、この写真を机の上で見かけた日でもあった。

不幸の原因はきっとこの写真に違いない。でも、どうしよう。どうすればいいのであろうか。

考えが一向に纏まらずに頭を抱えて苦悩していると、由美さんがぼそりと呟いた。

「ええ。最初にあったように黄色い紙に包めばいいのではないのか、って」

祈るような気持ちで亮君に訊ねてみると、例の紙を持っていることが分かった。

「最初は捨てようと思ったらしいんですけど。何故か捨てる気になれずに、大切に保管していたらしいんです」

亮君が自室から持ってきたその紙は、黄土色の薄いハトロン紙であった。

かなりの年代物らしく、所々変色や染みができており、明らかに何かを剥がした跡が付いていた。

三人は心の中で懇願しながら、写真をその紙に丁寧に包むと、祖父母の机の奥底へと仕舞い込んだ。

本当は元々あった本の中に仕舞いたかったが、亮君がどうしても思い出せなかったので、机にしたという。

「ええ、一瞬でしたね。空気が一変したっていうんですかね、あれは」

彼らの行為は、恐らく正しかったに違いない。

何故なら、その日以来、不可思議な存在が家の中に現れなくなってしまったからである。

しかし、不可思議な出来事がなくなったとはいえ、そのようなモノを家の中に入れておくのに抵抗があるのは、仕方のないことである。

しかも、以前と違って、封らしきものはもはや破られて存在しない。

即ち、何かがきっかけとなって、またアレが姿を現さないといった保証は何処にもない。

やはり一番は、あの写真を誰かに引き取って供養してもらうことであろう。

「そうなんですよ。早く誰かに託したいんですが……」

だが今現在、それに足りる人物や組織には出会えていない。

湿地帯

日の出間近にも拘わらず、周囲の気温は情け容赦なく上がっていく。

額から溢れ出てくる粘り気のある汗を何度も手で拭いながら、蒲田さんは途方に暮れていた。

場所は東北の片田舎に位置する、比較的大きめな沼である。

都内から高速で四時間近く走って、ここまで雷魚釣りに来た結果が、この有り様であった。

幾度となく片足を動かそうと努力していたが、両足は膝まで泥濘《ぬかる》みに絡め取られている。

彼は首からぶら提げていたスマートフォンを手に持って画面に視線を落としたが、何度見ても圏外の表示は変わらない。

右手に持った屈強な釣り竿が、持ち慣れているはずだというのに、やけに重く感じられる。

泥の中に嵌《は》まったときの時刻は分からなかったため、こうしたまま経過した時間は分からない。

しかし、体感では一時間や二時間では足りないような気がする。
蒲田さんは誰かが来ることを心から祈った。
都内の自分でも釣行するくらいであるから、この沼はかなり有名な場所に違いない。
それにも拘わらず、辺りには自分以外には誰の姿も見かけられない。
彼は落胆しながら視線を落として、酷く驚いた。
自分の身体が、先ほどよりも明らかに深く汚泥の中に沈んでいるのである。
彼は大声で叫んだ。生まれて初めて、がなりたてるような大声で、助けを呼んだ。
だが、恐らく誰の耳にも入っていないに違いない。
誰かが助けに来てくれるような気配は一切なかった。
遠くのほうで、自動車が通り過ぎていく音が聞こえてくる。
そのとき。
唐突に、辺りに静寂が訪れた。
時折聞こえていた牛蛙《うしがえる》の鳴き声も、急に聞こえなくなってしまった。
背中から厭な汗が滲み出て、全身を一気に冷却していく。
両手両足のみならず、顔面の皮膚が一気に突っ張り、そよぐ風ですら痛みを感じる。
思わず痛みに悲鳴を上げた、そのとき。

ひった。ひった。ひった。ひった。ひった。

何かが、泥の上を歩いてくる音がする。

鳥か獣でも現れたのであろうか。

首を目一杯曲げて、音がした方向へと懸命に視線を向けてみるが、何物の姿もそこにはない。

無理に曲げていた首を元に戻すと、先ほどの歩行音がまたしても聞こえてくる。

蒲田さんは思った。見なければ良かった、と。

何故なら、視線の先には裸足と思われる足跡が幾つも残されていた。

大きさからすると、小学生程度の子供のものと思われる。

胸の左奥から一層激しくなっていく鼓動が感じられ、そのあまりの激しさに耐え難い程の痛みすら覚え始めた。

ひった。ひった。ひった。ひった。ひった。

辺りに漂っている静寂の中、何物かの足音だけが、はっきりと聞こえてくる。

いつの間にか、彼の周りはその足跡だらけになっていた。

しかも、おかしいのは姿が見えないことだけではない。

泥に残された足跡自体が、妙に浅いのである。

鳥か小動物程度の体重でなければ、このように足跡が残ることはない。

それ以上重いと、自分のように泥の中に絡め取られてしまうであろう。

そのことに気付くと同時に、今まで味わったことがないくらいの激しい恐慌に陥ってしまった。

彼は大事にしていた釣り竿を手放すと、まるで子供のように両手をばたつかせ始めた。

泥の奥底へとゆっくりと沈んでいく愛竿が、視線の隅に入り込んでくる。

ひった。ひった。ひった。ひった。ひた。

より一層近くに感じられる足音が、不意に止まった。

厭な予感がしたので、咄嗟に身構えようとしたその刹那、彼の目の前に真っ黒い顔が突然現れた。

まるで一瞬で浮かび上がったかのような、唐突な出来事であった。

人間の三倍くらいに膨れ上がった大きなその顔は、湿った泥を塗りたくったように黒く、目鼻口の部分は奥底まで落ち窪んで空虚な空間が広がっている。

そのとき、その大きな顔面が蒲田さん目掛けて、一気に覆い被さってきた。

異様なほど柔らかい感触を感じた瞬間、一切呼吸ができなくなってしまった。

脳内が三倍にも膨れていくような感覚に襲われて、彼の意識は混濁していく。

そしてそのまま、意識を失ってしまった。

蒲田さんが意識を取り戻したとき、何故か彼は泥の中にはいなかった。

長靴の親玉のような胸の辺りまであるゴム長は、その殆どが泥に塗《まみ》れており、乾燥して白くなっている。

彼はすぐさま飛び起きると、自分が今までいたはずの湿地帯へ向かって、急いで視線を移した。

そこには大きな穴が開いており、彼が先ほどまで嵌まっていたことを物語っている。

だが、一体、どうやって陸地まで上がってきたのか。

そして、あの不気味な足音と大きな顔面は一体何だったのであろうか。

何一つ答えが分からないまま、この猛暑の中、彼は身震いしながら小走りで車へと戻っていった。

明白な理由

現在、上田君は岡山県に住んでいる。

三年前、二十五歳のときは大阪府某所に居を構えていた。が、仕事を辞め、そのままバックパッカーとなり、その後、帰国。現在に至る。

では何が厭になって大阪を離れたのか。

彼からこんな話を聞いた。


上田君は就職を機に大阪へ出てきた。

田舎から離れたかったからだ。そして、お笑いが好きだったから、本場大阪で働けば劇場へ頻繁に足を運べると考えてもいた。

ところが、大阪で暮らし始めてすぐ、不運に見舞われた。

まず、財布ごとバッグを盗まれた。

そして入居したアパートでは隣室で始まった住民トラブルに巻き込まれ、住んでいられなくなった。

次の部屋はとても静かだったが、何故か異常な耳鳴りと頭痛に苛まれてしまう。

耳鼻科などに掛かっても医者は首を捻るばかりで埒が明かない。

健康を損なったせいで仕事も上手くいかないなと思った矢先、ふと気付いた。

大阪某所で授けて頂いた神社のお守りが、異様に膨らんでいることに。

バッグのポケットへ入れていたので、見落としていたのだ。

これが原因かと授かった神社へ返し、再び新しいお守りを頂いた。

最近の調子の悪さがこれで収まると良いな、と考えながら。

ところが、三日もしないうちにまたお守りは膨らんだ。

何が原因なのか分からない。

(まさか、部屋か？)

場所が悪いと運が悪くなる、と聞いたことがある。

ふと思いつき、部屋を解約した。そして、当時の彼女が住むハイツへ転がり込んだ。

しかし今度は彼女がおかしなものを見たり聞いたりするようになった。

部屋の中を知らない人が笑いながら歩いているだの、天井から顔が覗いているだの、上田君の下半身が真っ黒になって見えないだの、枚挙に暇がない。

次第に彼女の性格も変わってきて喧嘩が絶えなくなり、別れてしまった。

一時期は荷物をトランクルームに預け、ネットカフェやカプセルホテルで凌いだという。

ただし、そんな生活では引っ越し資金も貯まらない。

そこで会社へ相談し、何とか安いアパートを借りることができた。

今度の部屋は住み心地も良く、健康を損なうこともなかった。

加えて、不運も鳴りを潜めたので、ほっと安堵したことを覚えている。


ところが半年も過ぎない頃、今度は行く先々で転んだり、怪我をすることが増えた。

特に梅田周辺へ出かけると、それらが顕著に起こった。

書店では雑誌を手に取った瞬間、縁で指を切った。傷口の割に出血が酷い。

服屋でハンガーに手を掛けてみれば、静電気のようなショックが走る。指先を見れば、割れたような小さな傷があった。やはり血が多く出る。

この出血で汚した商品を買い取る羽目になることも少なくなかった。

そして、何もないところで転ぶ。

足に異常がある訳ではないのだが、突然足がもつれたり、爪先が地面に引っかかるような感覚に襲われたりするのである。

転倒して強《したた》か頭を打ち、危うく救急車騒ぎになりかけたこともあった。

これまでの経緯と梅田での出来事を知る友人達は、口を揃えてこう言った。

「何ぞ、祟られとるん、ちゃうん？」

心当たりはないが、言葉にされると気になって仕方がない。

ネットで調べた霊能者三人ほどに見てもらった。

「あなたは今の仕事が合わない」

「あなたは大阪の土地に合わない」

「水と土との相性が悪い」

三人ともに共通してこの三つを口にする。

だが、信じたら負けのような気がした。

どれも安くない鑑定料だったが、追加として四人目の霊能者を訪ねた。

そこは中年男性の霊能者であったが、始まってすぐに眉を顰められる。

「ジブン、生まれた土地を蔑《ないがし》ろにしとるやろ？」

心当たりがない。首を振るが納得しない。

「あんたの家は、米農家や。後も継がんと、逃げて大阪に来よった。違うか？」

全身の毛穴が開くような気がした。

その通りだったからだ。

上田君の実家は新潟の米農家であったが、長男である彼はそれを継ぐのが厭で、親と半ば絶縁して大阪へやってきていたのである。

霊能者曰く、上田君の家は米を作ることで繁栄する家である、らしい。

上田君が米作りを止めれば、米作りはそこで途絶える。と同時に彼自身と両親、父方の祖父母は没落する道しかないのだ、とも言われた。

大阪を離れ、家を継いで米を作れば大丈夫なのだから、そうしろと助言されたものの、納得がいかない。どうせインチキだ、たまたま当たっただけだと内心強がる。

その気持ちを読み取ったかどうか分からないが、霊能者はピシャリと言い捨てた。

「米作らんのなら、もう、田畑関係する土地に住まれへんぞ」

霊能者の言うことを意識して忘れることに決めた。

だが、上田君は仕事で大きなミスをし、会社にいづらくなってしまった。

仕方なく退職し、僅かな貯金で東南アジアへバックパッカーとして渡った。

ところが体調不良や不運に見舞われることが多い場所が何箇所かあり、その度に死にそうな目に遭ったようだ。

振り返ると田んぼが近くにあったり、元が田んぼであったり、という土地であった。

僅かな金を使い果たし、日本へ戻ってきたものの、米を食べる国であるから何処へ行っても田畑がある。

できるだけ栄えた場所に移動してみるが、それでも不幸に見舞われる。調べてみれば田んぼを埋め立てた土地であることも多い。

こうなると、なかなか住居を定められない。

やっとのことで岡山県のある場所に定住したが、やはり怪我や病気、不運が全くない訳ではなかった。

何かある度に、彼は霊能者の言葉を思い出すようになっていた。

「米作らんのなら、もう、田畑関係する土地に住まれへんぞ」

令和二年になってから、何故か心の変化が起こった。

地元・新潟へ戻り、父母に頭を下げて米農家を継いでも良いかな、と。

何故これまで意固地に継ぐのを避けていたのかすら、今となっては分からない。

上田君は令和三年に新潟へ戻る。

そんな彼が最後に教えてくれた。

大阪府の梅田は元々〈低湿地帯だったところを埋め立て、田畑にした所〉であり、土地の漢字を埋田と書き、後に梅田へ換えた。

梅田は元田畑のあった土地だったことになる。

米農家を継いだ後なら、梅田が大丈夫になるかもしれないと、彼は予想している。

玉葱

とある地方で農業を営む岸田さんは、主に玉葱作りで生計を立てている。

「最近はネット販売も好調なんですが、やっぱり……」

近くの道の駅での販売量が断トツであった。

玉葱自体は地元の名産品でもあるし、全国的にも有名なブランドであった。

しかし、だからこそ天邪鬼《あまのじゃく》な所がある彼としては、あまり玉葱栽培には力を入れていなかったし、道の駅にも卸していなかった。

ところが試験的にやってみるとこれが大いに当たってしまい、出せば出すだけ面白いように売れてしまうのだ。

「まあ、元々味には自信があったし、それなりの苦労もしたからねぇ」

土作りを科学的に分析した土壌コントロールは、農学部出身の岸田さんには得意分野であった。

「それで、まあ。作物量をもっと増やそう、ってことになって……」

彼は農作地を広げるべく、自分の農地の近くにあった売り地に目を向けた。

「かなり前から目を付けてはいたんですけど、なかなかきっかけがなくて」

彼の目から見ても、その農地は玉葱作りに最適なはずであった。

しかし、その土地の所有者は玉葱栽培に関心がないのか、荒れ放題に放置されていたのである。

早速その地を購入しようと手続きを進めていくと、老父が口を出し始めた。

「オメエ、あそこだけは止めとけ。どうせ、玉葱だろ？　あそこは面倒臭え、からよ」

面倒臭いとは、一体どういう意味であろう。

もしかしたら、土作りのことを言っているのであろうか。

確かに、長い間休んでいた土地だから、作付けができるまで少々面倒なのかもしれない。

だが、一体それがどうしたというのか。

「まあ、早い話が馬鹿にしてたんですね、親を。もう俺の代なんだから、好きにやらせてくれ、なんて言っちゃって」

頑なに聞く耳を持たない息子をあざ笑うかのように、老父はニヤニヤしながら彼の仕事ぶりを見物していた。

「ところが、ダメなんですよ、幾ら玉葱を植えても……」

全く育たないのである。

育苗した苗をこの地に定植したまでは良かったが、そこから間もなく、その殆どが真っ黒く変色して腐ってしまう。

「こんな状態、正直見たことがないんですよ……」

土壌コントロールが得意の岸田さんである。土作りは問題ないはずであった。

すぐ隣の農地では美味しい玉葱がすくすくと育つのに、新しい農地では全く育たない。

日照時間や天候、水はけまでほぼ同じにも拘わらず、これは一体どうした訳であろうか。

岸田さんは頭を抱えて、悩みに悩みまくった。

しかし、老父は何かを知っているようで、相変わらず薄笑いを浮かべながら息子のすることを見ていた。

「何回やってもダメで。もう、どうしようもなくなって。手を突いて謝りましたよ、親父に。そしたら……」

老父は我が意を得たりとばかりに、皺だらけの赤ら顔ににんまりと笑みを浮かべながら言った。

「仕方ねえから、教えてやっかな。夜中の二時過ぎに、あそこを見てこい。静かに、静かに、な」

秋も深まり、夜中にもなると上着なしではいられない。

煌々と照る月明かりの中、岸田さんはジャージ姿にジャンパーを羽織って、農地へと向かった。

辺りに人の気配は一切なく、螽斯《きりぎりす》の鳴き声だけがやけにけたたましい。

農地の手前まで来ると、懐中電灯を片手に息を潜めた。

父親の言葉に乗ってこんな時間に来てしまったが、本当に何か分かるのであろうか。

半信半疑で農地に視線を向けていると、突如、螽斯の声が一斉に止まった。

辺りはしんと静まりかえり、先ほどまでの喧噪が嘘のように一変した。

そのとき、である。

暗闇の中、例の農地の上に〈真っ黒な何か〉が大量に湧いているではないか。

それは猿を小さくしたような生き物で、背丈は二十センチ程度であろうか。

皆一様に二本足で歩行し、丸まった背中を蠢かしながら、両手を地面に突っ込んでいる。

あれは一体、何なのであろうか。

正体を知りたい一心で、岸田さんは手元の懐中電灯を、奴らに向けた。

すると連中は光る目をこちらに向けた。

それらは真っ黒な毛で全身が覆われており、両目だけが爛々《らんらん》と輝いた、鼻と口が何処にも見当たらないモノであった。

やがてそいつらは蜘蛛《くも》の子を散らしたように、あっという間に闇の中へ紛れてしまった。

岸田さんは恐怖心も忘れて慌てて農地へと向かったところ、思わず絶句した。

何者かがいた痕跡は全くないし、足跡や両手を突っ込んだ後も一切ない。

ただ、植えたばかりの苗だけがどす黒く変色していたのである。

狐に摘まれたような面持ちで、岸田さんは自宅へととぼとぼと歩いていった。


「な、いたろ？　な？」

何故か自慢げな老父を適当にあしらいながら、岸田さんはその地で作付けすることを諦めた。

すると老父が、頭を使えとばかりに、自分の頭を人差し指で軽く叩きながら、勝ち誇ったかのように言った。

「オメエ、馬鹿だな。折角買ったんだから、玉葱以外を植えりゃあええんだよ」

「ええ。やってみて初めて分かりました。あそこは、玉葱だけが育たないんです」

理由は分からないが、恐らくあの夥しい数の何者かが関係しているのではないだろうか、と岸田さんは推察する。

「まあ、玉葱以外だったら何でもいけますよ。あそこは」

ちなみに現在は主に大根を栽培しているとのこと。

これまた道の駅ではかなりの好評で、近々ネット販売も行う予定とのことである。

利府街道

その日、関谷さんは友人とともに宮城県松島までドライブに出かけていた。

出がけの天気は悪くはなかったと思っていたのだが、気付けば空は暗く翳《かげ》っていた。

雲は厚く、今にも雨が降り出しそうだ。

「どうする？」

そこから仙台への帰路として選んだのは県道八号線、通称利府街道である。

愛宕を回って利府街道に入ろうとしたところで、叫び声が響いた。

〈危険だ〉

「えっ」

〈引き返せ〉

声は関谷さんの脳内をぐわんぐわんと揺らしながら繰り返し警告を発していた。

「今、何か——」聞こえた？　と確かめる間もなく、辺りは濃霧に包まれた。

「陽子ちゃん、車、一旦停めよ！　霧が濃すぎる！」

関谷さんは言うなり車を路肩に停めた。

車窓から空を見上げると、分厚い曇天の合間に蠢くものが見えた。

依然として霧は濃く、数メートル先も見えないほどに遮られているのに空はぼんやりと明るく、数百メートルでは利かないはずの遙か上方の雲の中を出入りするものが妙にはっきりと見えている。

雲の間で蠢くそれは、行列を為していた。

それには手足がある。

大きいものがいて、それと比肩して遙かに小さいものがいる。

人に見えるものがいるが、人とかけ離れた姿のものもいる。

姿形は様々で、大百足《おおむかで》のように異形が折り連なっているものもいる。

目に映るそれは黒い影としか見えない。

幾ら目を凝らしても濃い輪郭に覆われた黒い影にしか見えないのに、脳裏にはより精緻なディティールの像が浮かび上がる。

それは鬼であり、天狗である。

詳しくはないので名前を言い当てることができないが、人の形を為さない異形の多くは、世に言う妖怪変化の類だろうか。言うなればそれは百鬼夜行、である。

それらは幾重にも折り重なり、うねる行列を為しながら近付いてくる。

「何……あれ……」

それが何であれ、ろくでもないモノであろうことは確かだった。だから、長くこの場に留まるべきではない。追いつかれるべきではない。そう直感して車を出した。

途中、何度となく危ない目に遭った。

後続車に煽られて運転手の表情がはっきり見えるほど近付かれる。

そうかと思えば対向車がセンターラインギリギリまで迫ってくる。

その都度、ギリギリで交わしたり深くアクセルを踏みこんで距離を稼いで振り切らねばならなかった。

いずれも、意図して煽っているというより、まるでこちらが見えていないかのような不自然なニアミスだった。

緊張感を強いられ続けた関谷さんは、道路沿いにコンビニを見つけた。

これでは身が持たない。とにかく一息吐きたかった。

コンビニの駐車場に乗り入れ、店の自動ドアをくぐる。

入店音が鳴り響きレジ前の店員が顔を上げたが、不審そうな表情を浮かべてドアの外をぼんやり見つめている。

ドリンク棚を見て回って手近な飲み物を選び、レジ前に立った。

店員は黙ったまま虚空を見つめている。と思ったら、関谷さん達の後に入店した客の姿を目で追っている。

店員の目前に立つ関谷さんには目も合わせず、全く無反応である。

関谷さんは若干の苛立ちから、飲み物をレジ台にドンと置いて「あの！」と声を掛けた。

店員は「うわっ」と小さく叫び、そして戸惑うように「いらっしゃいませェ！」と上ずった声を上げた。

彼には今の今まで関谷さん達のことが、全く認識できていなかったようだった。

そう、見えていないのだ。

他の車にやたら煽られたのもそうだ。あれは煽られていたのではなく、他の車から関谷さん達の姿が見えていなかった。車ごと見えていなかったのだ。

そのことにやっと気付いた。

店内から外を見ると、愛宕からずっと利府街道に沿って関谷さん達を追いかけてきていた百鬼夜行は、未だそのマーチを続けていた。

これが過ぎるまで、店からは出られない。

蜘蛛の糸

木元さんは百床程の病院で、看護助手の職に就いている。

日の長い季節はそれほどでもないが、日の短い季節、とりわけ寒くなる季節ではかなり厳しい仕事であった。

何故なら、シフトによっては早朝の出勤だったり、深夜の帰宅だったりするからである。

日の出前には家を出て、十数分程度自転車を漕いで、仕事場へと向かっていく。

人手不足で代わりの人間がそうそういないため、ちょっとやそっとの病気では休むことすらままならない。

肉体的にも精神的にも、相当キツい仕事であった。

その日の仕事はシフトの都合上深夜に及び、へとへとに疲れ果てた彼女は帰路に就いていた。

月明かりすら覚束《おぼつか》ない闇の中、ひっきりなしに吹きすさぶ、刺すような空《から》っ風が頬を苛む。

疎らに照らしている常夜灯と頼りない自転車のライトのみを頼りにして、車一台通らないひっそりとした通りを、ひたすら突き進んでいた。

そのとき、である。

明らかに風とは違う何かが、首筋にふと当たった。

恐らく、風に乗って何処からともなく飛んできた蜘蛛の糸でも付着したのであろう。

あんまり気持ちの良い物でもないが、致し方ない。

そう思いながら自転車のペダルを漕いでいると、またしても同じ感触に襲われる。

そして、また。

一度だけならまだしも、その違和感はいつしか十数回にも及んでいた。

幾度となく自転車を運転しながら片手で払おうとするが、首に纏わり付く何かは、一向に離れる気配はない。

とにかく、早く家に帰ろう。

何度も何度も不快感を味わいながらも、漸く彼女は家に辿り着いた。

帰宅するや否や洗面所へと足早に向かうと、鏡に映った首の辺りを凝視した。

そこには、くたびれた自分の顔と、首の部分に何本も纏わり付いている黒い糸状のものがはっきりと映っていた。

「ひっ！」

小さな悲鳴が口を衝いて出た。彼女はその悍《おぞ》ましい何かを急いで毟《むし》り取った。

眼下の白い洗面器には、何処からどう見ても髪の毛にしか見えない長くて黒い物体が、何本も何本も重なっている。

いつの間にか全身を走り抜けていく悪寒に、思わず身を震わせる。

半ばパニック状態でこれらの汚らわしい物を流してしまいたい衝動に駆られるが、もう半分の冷静な自分がそれを押し止めた。

洗面器内の髪の毛の束から視線を逸らしたその瞬間、あまりの衝撃で心臓が止まりそうになった。

目の前に、鼻と鼻がくっ付きそうなほど目前に、知らない女の顔があるではないか。

その長髪は乱れに乱れまくって、疾うに水分を失って罅《ひび》割れた顔の皮膚に、べっとりと纏わり付いている。

明らかに生気を失った眼と、真っ黒い口紅でも塗りたくったかのようなどす黒い唇は半開きになっており、そこから薄汚い糸切り歯が垣間見えた。

すぐにこの場から逃げ出したほうがいいに決まっている。

しかし、残念ながら魅入られたかのように、身体はぴくりとも動かない。

心臓の鼓動が喧《やかま》しすぎて、まともに思考ができない。

やばい。やばい。やばい。やばい。やばい。

一つの言葉しか頭に浮かばず、もはやどうすべきかすら全く分からなくなってしまった。

そのとき、である。

目の前の顔がびくりと痙攣《けいれん》したかと思うと、そのどす黒い唇が、くわっと目一杯開かれた。

見るのも汚らわしいほど黒色に変化した乱杭歯《らんぐいば》に囲まれるようにして、光沢のない紫色をした重厚な舌がぶるりと震えた。

その瞬間、ヒューズでも切れたかのように、彼女の意識はその場から消えてしまった。


「気が付いたときには……」

彼女の口内には、夥しい量の髪の毛がぎっしりと入っていたのである。

気を失っていた時間は恐らく数分程度であったと思われるが、とにかく目を覚ましたときには、あの女は何処にもいなかった。

「ったく、気持ち悪いったらありゃしない！」

苦虫を噛み潰したかのように顔面を器用に歪めながら、彼女は吐き捨てるように言った。

今でも時折、深夜の仕事帰りに、蜘蛛の糸らしきものが顔面や首筋に触れるような感触を味わうことがある。

しかし、そのときは必ずその場で立ち止まり、徹底的に振り払うことにしている。

そのおかげかどうかは不明であるが、あの女には二度と遭わずに済んでいる。

ライナスの毛布

今では二児の母親である絹代さんが、小学校に入学したばかりの頃。

あるとき、父方の従姉妹を家で一カ月程度預かることになった。

父親とあまり仲が良くない妹の子供で、本来ならば長期間預かったりする関係ではない。

しかし、両親の離婚話が拗《こじ》れていて幼子を置いておけるような環境ではなかったし、他に預けられる親戚もいなかった。

従姉妹の名前は葉子ちゃんといって、絹代さんより一歳年下であった。

絹代さんは引っ込み思案な性格だったので、たとえ親戚で歳が近いとはいえ、楽しみにするような気分にはなれなかった。

もう少し歳を取っていれば葉子ちゃんの境遇に同情して、彼女に優しくしていたかもしれない。

だが、絹代さんもまだ幼かったので、そのような事情を知る由もなかった。

何処となく怖そうな表情の若い女性に連れられて、その子は家にやってきた。

生まれ育った環境のせいだろうか。従姉妹は最初から陰鬱《いんうつ》な表情をしており、近寄り難い雰囲気を醸し出している。

絹代さんは絹代さんで人見知りな性格だったため、同じ家で暮らしても彼女と一緒に遊んだりするということは一切なかった。

従姉妹は、見窄《みすぼ》らしい洋服を着て、これまた見窄らしいウサギのぬいぐるみをいつも右手に抱えていた。

それは二十センチ程度の大きさで、初めは白かったに違いないが、今では手垢で汚れて茶色に変色していた。

彼女にとっては物凄く大事なモノらしく、食事のときも寝るときも、肌身離さず持っている。

最初は変な子、としか思えなかったが、絹代さんは彼女のことが次第に羨ましくなっていった。

自分には仲の良い友達もいないのに、何であの子にはあのぬいぐるみがあるの？

自分には大切なものなんて一つもないのに、どうしてあの子はあのぬいぐるみにあんなに夢中になれるの？

絹代さんは彼女の真似をして、自分のお気に入りを無理矢理拵えようとした。

とりあえず、以前買ってもらった小さな人形を選んで、いつも一緒にいようと試みた。

だが、当然長続きはしない。

元々あまり興味がなかったものを無理矢理持とうとしても、いつも何処かへ置き忘れてしまう。

人形が無理だと分かると、枕や毛布、ぬいぐるみなど次から次へと対象を変えてみるが、どれも失敗に終わってしまった。

その度に、彼女は従姉妹を妬んだ。

お気に入りのものがあることに。そして、あんなに執着できることに。


ある日の夜。

従姉妹が入浴しているときを狙って、絹代さんは脱衣所に忍び込んだ。

そして脱衣籠に入っていた小さなウサギのぬいぐるみを手に取ると、そっと自室へと持ち帰ったのである。

後で返せばいいだろう、そのときはそう思っていた。

風呂から上がった従姉妹は、大切なものが何処にもないので、真っ青な顔をして脱衣所を探し回っていたらしい。

時間が掛かりすぎることを不審に思った母親が発見するまで、彼女は濡れた身体のまま捜し物をしていたということである。

だが、母親に理由を訊かれても、従姉妹は何も言わなかった。

ただ悲しそうに歯を食いしばり、泣き出しそうになる自分を無理矢理抑えたような、何とも言えない表情をしていた。

そして従姉妹に対して妙に優しく接する自分の母親を見るなり、絹代さんの中に芽生えていた苛虐心がむくむくと大きくなっていく。

どうして、あの子だけあんなに優しくされるの？

私なんて、何も持っていないし、誰からも優しくされないのに。

許さない。絶対に、許さない。

だから、幾ら悲しそうな表情をしたって、ぬいぐるみは絶対に返さない。

しかし、従姉妹は何も言わなかったので、両親もそれ以上は詮索しないと決めたようであった。

ただ、その日以来、絹代さんは従姉妹の視線を感じることが多くなった。

だとしたら、従姉妹なりに何かしら感づいていたのかもしれない。

やがて一カ月が経過して、例の怖そうな表情の母親が従姉妹を迎えに来た。

だが、自分の娘が肌身離さず持っていたぬいぐるみがなくなったことにすら、その母親は気が付かなかったようである。

従姉妹が帰ったその日、絹代さんは自分の部屋の隠し場所から、早速ぬいぐるみを取り出した。

彼女があれほど大事にしていたものなので、絶対に自分のお気に入りになると最初は考えていた。

きっと、自分にとって一番大切な存在になるのであろうと。

しかし、何処からどう見ても、ただの手垢で薄汚れた小汚いぬいぐるみにしか見えない。

一時的とはいえ、どうしてこのようなものに執着したのであろうか。

彼女の興味は一瞬で消え去ってしまった。

従姉妹から奪ったぬいぐるみは、そのまま部屋の押し入れの中で埃を被るだけの存在に成り果ててしまった。

それから数年経った、ある晩のこと。

自室で眠っていた絹代さんは、突然何者かの気配を感じて目が覚めた。

すると彼女の目の前に、懐かしい人がぼんやりと立ち尽くしている。

成長とともに大分感じが変わっていたが、その人が誰なのかは瞬時に分かった。

それは、従姉妹の葉子ちゃんであった。

背丈は少し伸びてはいたが、何故か身体はガリガリに痩せ細っている。

しかし、髪型や服装自体はあの当時とあまり変わらない格好をして、伏し目がちにこちらを向いている。

明らかに異常な光景であったが、何故か恐怖心は一切ない。

従姉妹の右手には、埃を被ったウサギのぬいぐるみがしっかりと握り締められていた。

「ミミちゃん、連れてくよ」

当時と変わらない哀しそうな声が、そう言った。

絹代さんは驚きの余り言葉を発することができなかった。

ただ、あのぬいぐるみにミミちゃんという名前があったんだ、などと場違いなことを考えていた。

従姉妹の姿は部屋の中からすぅっと消え去ってしまった。

彼女から奪ったにも拘わらず、既に無関心になってしまっていた、あのウサギのぬいぐるみと共に。

ミミちゃん、と共に。

朝を迎えて、昨晩の出来事が夢か現実なのか分からなくなっていた。

けれど、ウサギのぬいぐるみが部屋の中から消えてしまったので、多分実際にあったことなのであろう。

その日、彼女は両親からあることを聞かされた。

「絹ちゃんはもう覚えていないかもしれないけど……」

従姉妹の葉子ちゃんが昨晩亡くなったとの報せであった。

結局葉子ちゃんは、両親の離婚が成立して、母親と一緒に暮らしていた。

しかし、昨晩、布団の中で冷たくなっているところを、同居の男性に発見されたとのことであった。

死因は心不全とのことであったが、詳細は不明である。

あんなに痩せ細っていたのは、何かの病気を患っていたせいなのかもしれないし、他の原因があるのかもしれない。

だが、絹代さんは今でも後悔の念を抱き続けている。

大事な存在を守る立場にある今では、よく分かっている。あれほど大事にしていた物を奪われた悲しみは如何ほどだったであろうか。

そして、自分はどれほど酷い仕打ちを彼女に与えてしまったのであろうか。

きっと仲の良い友人同士になれたはずだったのに、全て自分が台無しにしてしまった。

その痛悔《つうかい》は、今でも絹代さんの心の奥底に楔《くさび》となって打ち込まれている。

命日になると、絹代さんは必ず赴くことにしている。

短い間ではあったが、かつて一緒に暮らしたことのある葉子ちゃんのお墓参りに。

欠けた記憶

衣笠さんが久しぶりに実家へ帰ったときの話。

結婚の際に夫婦で挨拶に来て以来、おおよそ十五年振りであった。

「別に仲が悪い訳じゃあないからね。いつも電話で遣り取りしていたし。でも……」

はっきり言って遠いからね、と彼女は笑いながら言った。

それもそのはず。彼女の実家がある場所は、本土から遠く離れた離島である。

港から定期船で十時間以上掛かるし、悪天候時は当然の如く船は出ない。

「天候次第じゃ、平気で数日も足止め食らっちゃうからね」

そう呟いた後、ほんの束の間呆けたような表情を見せたかと思うと、彼女は急に真顔になって話し始めた。

「それが、何で帰省したかって言うとねぇ……」

「おいっ！　これ、何だっけ！」

衣笠さんが母親と電話で話していると、唐突に父親の遠い声が受話器から漏れ聞こえてきた。

どうやら、納屋の掃除をしていた父親が、埃塗れの木製の箱を見つけたらしかった。

「箱？　ひょっとして……」

箱を見つけたと聞いて、急に思い出した。今まで完全に記憶から消失していたことが、唐突に思い出される。

母親の話によると、やっぱり間違いなかった。

それは衣笠さんが子供の頃大事にしていた着せ替え人形が入っている、おもちゃ箱であった。

「あああ！　なっつかしい！」

大声を窘《たしな》められながらも、湧き出る興奮を隠しきれない。

「ねえ！　ちょっと開けてみてよ！　お願いだから！」

電話口で一人興奮していたが、やがて両親のテンションが下がっていくのをうっすらと感じた。

「これは、見ないほうがいいねえ。うん、見ないほうがいいねえ」

理由を訊いてみると、ただ一言、人形の状態が悪いからとのことであった。

当然、保管状態が良くないのであるから、中の人形にも多少はダメージがあるに違いない。

しかし、どのような状態か確認しようとしても、母親は一切口を開かない。

教えて、教えない、の押し問答が幾度となく繰り返された後、頭に血が上った衣笠さんは口走った。

「週末にそっち行くから！　行って確認するから、絶対に捨てないでね！」

天候に恵まれたおかげで、すんなりと帰省することができた。

できたら夫と娘も一緒に来てほしかったが、天候が悪化したときのことを考えると、そうもいかない。

久方ぶりの生まれ故郷の地を踏みしめながら、彼女は実家へと向かった。

家に辿り着くなり、さすがに両親からは大歓迎を受けた。

それを適当にあしらいながら、漸く目的のものとの対面を果たすことができた。

「……懐かしい……ホント、懐かしい……」

元々は何の箱だったのかは今では思い出せないが、人形を入れるのに丁度良いから、と父親に貰った。

それは木でできた身蓋箱と呼ばれる蓋と身が分かれるもので、最も一般的な箱の形式であった。

軽く振ってみると、中から鈍い音が聞こえてくる。

彼女はその余韻を楽しみながら、蓋を開け放った。

そして、暫しの沈黙を得た後、〈ひっ〉と小さな叫び声を上げた。

箱の中に入っていた四体の人形。その全ての右腕が、見事に失われていたのであった。

それも関節の部分から外した訳でも、鋭利な刃物で切り取った訳でもない。

力任せに、樹脂の部分をもぎ取ったかのような無様な姿であった。

「何で？　一体、何でこうなったの？」

両親に問いかけるが、もちろん彼らは何一つ知らない。

当時に思いを馳《は》せながら懸命に思い出そうとしてみるが、何故か記憶域に靄《もや》が掛かったようになってしまい、詳しくは何一つ思い出すことができない。

大好きだった人形がどうしてこんなことに。

それらの人形をまじまじと見ているうちに、ひょっとして当時このような遊びが流行っていたのかもしれない、と思うようになっていた。

もちろん、そのような記憶は一切なかったが、むしろこう思うことによって精神が楽になるというか、何処までも堕ちていくような不安が解消されるというか、とにかく彼女にとってはそう考えることが最良である気がしたのである。

二日ばかりの帰省を楽しんだ後で、彼女は生まれ故郷を後にした。

バッグには当然の如く、右腕のない人形達を納めた木箱が入っていた。

「ねえ、やめなよ。縁起でもないからさ」

両親からは持って行くのを止めるようしつこく進言されたが、彼女の意志は固かった。

「大丈夫だって。もう寂しくさせないから、ね」


しかし、自宅へ帰るなり、彼女は持ち帰ってきた人形のことなどすっかり忘れてしまった。

あれほど意地になって持ち帰ったにも拘わらず、どういった訳か衣笠さんの頭の中からすっぽりと消えてしまったのだ。

そしてあの人形達は旅行鞄に入れられたまま、衣笠家の押し入れに仕舞われたのである。


それから数カ月後、衣笠さんは誕生日を迎えた。

友人達から沢山メッセージを貰ったが、親友の小山さんからはプレゼントが贈られてきた。

さすがにこの歳になって贈り物は予期していなかったので、いそいそと包み紙を開けた。

そこには、身長三十センチ程度の熊のぬいぐるみが入っていた。

思わず少女のような甲高い歓声を上げながら、そのぬいぐるみを両手で持ち上げた。

そのとき、一瞬、縫い付けられたボタンのような真っ黒な熊の眼が動いたかのように思えた。

驚いて両手を離すと、その熊のぬいぐるみは目の前で落下した。

そしてその拍子に、頑丈に縫い付けられたはずの左腕がものの見事に身体から剥がれたのである。

しかも、そのかつて左腕があった箇所からは、小さな木片の頭が見えている。

恐る恐る、彼女はその木片を身体の綿の中から取り出した。

「思い出して」

長方形の白っぽい木片には、筆らしきものでそう朱書きされていた。

一体、何を思い出せというのであろうか。

そう思った瞬間、幼い女子の声が、彼女の耳元で言った。

「思い出して。あなたがしたことでしょ」

全身が総毛立ったそのとき、まるで封印されていた記憶が解き放たれて、濁流となったかのように一気に脳内を駆け巡った。

そのあまりの重さに、彼女はその場で昏倒したのであった。

「うん、結局あのぬいぐるみの送り主は不明なの」

やがて自分を取り戻した衣笠さんが急いで確認したところ、小山さんはそのようなものは贈ってはいなかった。

では、一体誰が。しかも小山さんの名を騙《かた》って贈ってきたのであろうか。

それらは、一切不明である。

だがしかし、それ以外のことに関しては、そうでもなさそうであった。

何故なら、今までこの体験談を協力的に話してくれた衣笠さんが、急に不機嫌になったからである。

「……うーん、それは、もういいかな。別に良いでしょう、言わなくても。ここまであれば充分でしょう」

時折身体を小刻みに震わせながら、彼女は呟いた。

その声は明らかに動揺しており、明らかに苛ついている。

露骨な態度でスマホを弄り始め、何を訊いても非協力的になってしまった。

右腕をもぎ取られた着せ替え人形。そして、ぬいぐるみの中に入っていた、「思い出して」

と書かれた木片。

それらに関しては、衣笠さんは確実に何かを知っているに違いない。

また、彼女の耳元で聞こえてきた声についても、絶対に心当たりがあるとしか思えない。

しかし、この件に関して、彼女は頑として口を開かなかった。

「……もう、時効でしょ。ったく……」

そう吐き捨ててこの場を去った彼女は、心なしか震えているように思えた。

だとしたら、一体何に怯えていたのであろうか。

それから幾度となく衣笠さんに連絡を取ろうと試みたが、彼女からの返答は一切なかった。

そもそも、最も重要な部分を隠したまま、彼女はどうしてこの話をする気になったのであろうか。

連絡が一切取れなくなってしまった今となっては、私にはどうすることもできない。

彼女の無事を、心より祈るばかりである。

納得

嶋さんの知人に金田という人がいる。

三十代後半の独身男性で、彼女と年齢がひと回り以上離れている。

同じ歳の同性の友人……の友人、という関係性であるから、そこまで親しい間柄ではない。

そもそも金田という人物は嶋さんにとって好ましい人物ではなかった。

悪い人ではないと思うのだが、言動や外見を受け付けないタイプと言うべきか。

平たく言えば、「ゲスい物言いと、髪や服装のセンス」が鼻につくのである。

友人が連れてくるから仕方なく顔を合わせているに過ぎない。

それとなく友人へ金田を誘うのを止めてほしいと伝えるが、通じない。

「金田さんはいい人だから」

何処がどういい人なのか分からない。ただ、友人は金田に恋慕の情を抱いていることだけは伝わってきた。

ある冬の夕暮れ時だ。

件の友人と会食をしようと待ち合わせた。

約束の時間、遠くからやってくる友人の隣に金田の姿がある。

二人で会食、絶対に金田を連れてくるなという約束だったはずだ。正直面食らったことは言うまでもない。

鏡を見なくとも、自分が如何に仏頂面になったかよく分かる。

そんなあからさまな顔にも金田は気付かない。それどころか、友人の腰に手を回したままビストロの中へさっさと入っていった。

仕方なく付いていくと、予約した個室に我が物顔で入っていく。

四人掛けテーブルの奥、右側に金田、その隣に友人。

そして手前の席、出入り口近くに嶋さんは座る。

どうにもメインの客は俺だぞ、という顔だ。正直腹が立つ。

料理もワインも、砂を噛むように美味しくない。

うんざりしていると、何かの拍子にナプキンを落としてしまった。

咄嗟に拾い上げようと手を下へ伸ばす。

そのとき、テーブルクロスの向こう、床の上で蠢くものが目に入った。

(何だろ?)

行儀が悪いと知りながら、そっとテーブルの下を覗き込んだ。
一瞬で息が詰まりそうになる。
金田の右足から、何か灰色のガスのようなものが細くたなびくように数本出ていた。
いや。ガスよりも物質的というか、濃い感じがする。
薄暗いテーブルの下なのに、かなりハッキリと目に映ったからだ。
先端が細く、左右に蛇行するように床を這っている感じだろうか。
何か海洋生物が持つ触手のようなイメージが湧く。
その中の幾本かは、友人の足下からふくらはぎを通り、スカートの中へ入っていた。
そして一本のガス状の触手がこちらの爪先へ向けてやってくる。
思わず足で払った。と同時に全てが消え失せる。
金田の声が聞こえた。
「何しているの？」
いつもより低い。
ハッと我に返り、慌てて頭を上げると、金田の笑顔が目に飛び込んできた。
だが、その目が何とも厭な光を帯びているような気がする。
何か話そうとするが、声が出てこない。気分が悪くなる。

無言で立ち上がりテーブルを離れ、トイレへ駆け込んだ。

食べたものが出てくるが、何となく腐臭のような臭いが漂う。

胃の中を空っぽにした後、個室へ戻るともう誰もいない。

フロアスタッフへ訊ねると、先に帰ったという。支払いはされていなかった。

以降、友人と金田から距離を置くことを決めた。


それから間もなくして、友人は妊娠した。

相手は金田である。

「式と披露宴、呼ぶね！」

久しぶりに顔を合わせた友人が満面の笑みで誘ってくる。悪いと思うが、参列する気にはならなかった。

――が、友人は流産し、そのまま結婚話は立ち消えた。

そして、一年後に子宮の全摘出手術をし、二度と子供を望めない身体となった。

金田は逃げるように神戸へ転勤し、以降の消息は知らない。

金田から出ていた細いガス状のものは何だったのだろう。

そして、何故、友人のスカートの中と、私に――。

明確な答えは出せない。

けれど、彼女は何となく納得せざるを得ないような気持ちになった。

いじり

井桁さんは専門職に従事している。

この状況下でも何とか生活できているという彼女は、三十代のシングルマザーだ。

離婚したのは二年前で、理由の半分以上は相手にあると言う。

もちろん自分にも至らないところはあったから、と顔を曇らせた。

娘の親権は彼女で養育費は月々支払う。慰謝料は分割で、という話であったが、一度も振り込まれていない。

子供との面会を求める連絡もなく、そのまま行方をくらませられてしまった。

最初から当てにできないと思っていたから、とは彼女の言葉である。

現在は愛娘と幸せに暮らしている——のだが、つい先日、偶然に元夫の姿を見かけた。

とても見窄らしい格好をしている。

白髪だらけの髪は伸び放題。手に入れられなかったのか、マスクもせず顔を晒したまま歩いていた。だから元夫だと分かったのだが、何とも言えない気持ちにさせられる。

声を掛けることも躊躇われたので、そのままその場を後にした。

この元夫のことを、彼女は話してくれた。

元夫の名字は森と言う。

彼女より二つ年上で、背の低い小太りタイプだ。

下ぶくれのせいか、輪郭はおむすび型。髪型や服装は、元不良がよくやるような垢抜けないものだった。やたらと煙草を吸うので厭な体臭を放っている。

人の紹介で渋々会ったのだが、何故か一目で惹かれるものを感じた。

自身とは真逆なタイプであったからかもしれない、と後に自己分析してみたが、それでもどうしてあんな人間に……と思わざるを得ない。

とはいえ当時は完全に惚れ込んでしまったのだ。異常な状態だったとしか言えない。

付き合いだしてから分かったが、森はフリーターだった。

だからデートの際、井桁さんが全てを支払う。

（私が彼を支えているんだ）

そんな誇らしさがあったからこそ、当時は大して苦にならなかった。

加えて、時間が経つごとに森の性格や態度も素晴らしいと感じ始めた。

例えば、彼は自分より下だと思う人間には居丈高に接する。

時には大声を上げ、恫喝《どうかつ》するような台詞も吐いた。これは井桁さんに対してもだ。

逆に少しでも自分より上だと思った人間には、ヘコヘコ頭を下げる。

これらが「男らしさと、目上に対する礼儀正しさ」に、当時の彼女の目には映った。

その男らしさを助長するような傷を、森は持っていた。

首の痣である。

短く細い首にグルリと回るように薄赤い痣が巻き付いている。

よく見れば指の跡であることが分かった。

森曰く「高校時代、クラスの奴にやられた」らしい。

何でもクラスメートの中に「デブでのろまなオタクがいて、そいつを弄ってあげていたら、ある日突然キレて自分の首を絞めてきた。危うく殺されそうになったが、仲間に助けてもらった。これはその仲間との絆の証だ」

理屈的によく分からないものだが、そのときは仲間と絆、証という言葉がやけに素晴らしいものとして認識された。

「しかし高校を出て十何年も経つのに、この痣は消えない」

気にしているのか、偶にそんなことを言いながら森は痣を擦る。

「時々呼吸がしづらい。声が掠れて出なくなることもある」

曰く、首を絞められた後遺症と言うが、それでも異様なことに変わりはない。

何度か病院へ連れて行ったが、原因は不明だった。

このような森との間に子供ができた。

入籍したものの、式や披露宴はなしだ。彼はそのまま井桁さんのマンションに転がり込んできた。

出産前後は貯金を切り崩しての生活であったが、この辺りになると、森が如何に駄目な男なのかが漸く理解でき始めた。

にも拘わらず「私が何とかしてあげないと」という気持ちに変わりはなく、更に尽くすようになっていったという。

娘が生まれて三カ月が過ぎたくらいだったか。

森は別室で寝るようになっていた。

赤ん坊の泣き声が煩《うるさ》い。ミルクやおしめを替えるとき目が覚めるのが厭だ。そもそも乳臭いから気持ち悪い……様々な理由からだった。

森は育児もしない。仕事もしない。金をせびって遊びにいく。

それでも井桁さんは彼を見放せなかった。

ところが、ある真夜中のことだ。
娘にミルクを飲ませ寝かしつけた後、まどろみかけていたときだったと思う。
誰かが肩を揺らしている。
薄く目を開けた。
森がいた。
オレンジ色の常夜灯の中、寝ぼけたような顔でこちらを見つめている。
「……どうしたの？」
訊くと森は立ち上がり、ベビーベッドへ歩いていく。
そして娘に対し、深々とお辞儀をした。
一体何をしているのか分からず、ベッドから上半身を起こす。
再び森がこちらへやってきた。
そして跪《ひざまず》くとまた頭を下げ、そのまま小さな声を発した。
〈ごめんなさい〉
驚いた。森が初めて自分に謝ったことにではない。
声が違うのだ。

可愛い女性の声だった。

どうしたのか、頭の中に二十代前半程度のすらりとした女性の姿が浮かぶ。

洒落た大学生、と表現できそうな女性だった。

また、謝罪された。

〈ごめんなさい〉

森は顔を上げない。女性の声で謝罪が繰り返される。

今起こっているのがおかしなことだと感じているはずなのに、頭と行動が付いていかない。

何かを言おう、何かをしようとしたときだった。


——ひつようでした。


森の口から、違う台詞が漏れた。

ひつよう。必要、か。

少しだけ怒気を孕《はら》んだ声色だった。

そして森が顔を上げた。

目と口が大きく開いている。舌が飛び出していた。
苦悶の表情だ、と感じた。
森は立ち上がるとそのまま部屋を出ていく。
ややあって、玄関の鍵が開き、ドアが閉じる音がした。
娘が泣き出す。
我に返った。娘を胸にかき抱きながら森の姿を探した。
何処にもいない。
急に森に対する憎悪が湧き出してくる。
（私、馬鹿だった）
自分の人生に森は必要ないと、急に理解ができたのだ。
まるで洗脳が解けたかのようだった。

この日を境に森と別れるために動き出した。
相手はごねたが、結果としては離婚が成立した。
それ以後は前述の通りである。
成長してきた娘に森の要素は皆無であり、全く似ていない。そこに安堵している。

娘は彼女の母方の祖母に似ている、という意見が多く、そこもまた嬉しい。

この前見かけた森に関して、井桁さんはこんなことを考えた。

もしかしたら、あの人、首を括って死ぬんじゃないか、と。

何故なら、別れる前より、森の首の痣は色濃くなっていたからである。

野営

ソロキャンプの醍醐味《だいごみ》は自由であるという。

ブームになる前からソロを貫く村田さんは、昨今のキャンプブームの犠牲者である――はずだった。

かつて苦言を呈していたような気がしたが、久しぶりに話を聞いたところまるで毒気がない。

「キャンプブーム？　いいと思うよ」

車で来る奴もダメだと憤慨していたはずだが。

「オートキャンプ？　便利だよね。いいと思うよ」

Ｗｅｂカムを使ったリモートでの会話だから緊張しているのだろうか。

別に録画している訳じゃないと伝えたが、そういうことでもないらしい。

村田さんは以前、憤慨していたのだ。キャンプは自由、一人きりの時間を自分と向き合って過ごすものだと。

友達と連れだって現れて、やれバーベキューだ、やれマス釣りだとアクティビティばかりをこなす言わばミニゲーム主義とでも言うようなものが、野山を小さく区切って侵略する行為なのだと、そう主張していたのは筆者の記憶違いだったのだろうか。

「それ言語化したの半分くらい俺じゃないでしょ。ほんといいと思うんだよ。大勢のほうが、やっぱ安全だし」

村田さんは他のキャンプ客を嫌って、僻地《へきち》へ僻地へと向かっていた傾向がある。遂に熊にでも襲われたのかと訊ねるとそうでもないらしい。

「ああ、野営の大敵は熊だよ。でも熊はさ、まだ対策できるから」

ソロキャンプ、彼の言う「野営」の一番の脅威は熊だ。

対策してもしきれないのが生き物相手の怖い所である。

「あのときも対策はバッチリだったんだよ。熊はね」


秋ともなれば山は寒くなる。

村田さんは車でソロキャンプに向かった。キャンプ場からは少し離れた野営地だ。

車を停め、彼は周辺に人がいないことを確かめた。キャンプ場外での野営には、トラブルを避けるための要点がある。周りに民家がなく、人がいないこと。

疎らなスギの林に入り、荷物を置いた。村田さんはナラの林のほうがずっと好きだが、この時期は野生動物との接触を減らすほうが重要だ。

理想的な立地だった。焚き火をするための河原へも近い。

林の中にテントを設営し、河原へ降りると日暮れまで彼は焚き火をして気儘なときを過ごした。

陽が陰ると急激に気温が下がり始める。

彼はテントに引っ込み、ＬＥＤランタンの明かりで本を読みながら静かな夜の訪れを待つ。

豊かな時間はゆっくりと過ぎ、いつしか辺りは真っ暗である。

「そんなに遅くはなかった。時計は見なかったし、少しウトウトしたから時間は分からないけど、十時とかそんな頃だと思う」

ガサガサと不自然な森の音が聞こえた。

(熊か？)

事前に熊の目撃情報がないことは確認している。しかしそれは悪魔の証明みたいなものだ。

咄嗟にランタンを消そうと手を伸ばすと、ＬＥＤのランタンがひとりでに消えた。

（あ――これは熊じゃないかも）

食糧の管理は徹底している。

村田さんは息を殺し、外の様子に耳を欹《そばだ》てる。

ガサガサという異音は局地的に、点々と各方位から聞こえていた。

熊にしては素早い。

テントの周囲にいることは間違いないが、どういうルートで移動しているのか皆目分からない。

彼は静かに懐中電灯と念のための熊撃退スプレーを持ち、テントを抜け出す。

音は頭上から聞こえていた。

息を呑んで上を見る。

周囲は細いスギ林。

樹上を蠢く何かがいる。

イタチなどの野生動物よりもずっと大きい。

思わず彼は、木に懐中電灯を向けた。

一瞬だけ裸足の脚、膝から下が見え、それがすぐに枝を飛び移って懐中電灯の光の輪から逃げる。

　ヒトだ。

（――熊が出たのか？）

まずそう思った。他に誰かがいるとは思わなかったが、それでも他のキャンプ客が熊から逃れるために木に登った、とそう考えるしかない。

反射的に懐中電灯の光で追う。

するとそこにいたのは――老婆だった。

老婆が、樹上からこちらを見下ろしている。

その瞬間、懐中電灯がパッと消えた。

（は？　は？）

慌てて懐中電灯を叩きながら、村田さんは頭を振る。

他のキャンプ客ではない。周囲に他にキャンパーがいなかったのは確認済みだ。

それに今一瞬見えたのは老婆で、和装に割烹着《かっぽうぎ》のようなものを被せていた。老婆が野営をできない訳ではないが、装備、時期、場所、状況を総合的に見てやはりそれはあり得ない。

　ガサガサと枝が揺れる。

（何だ？　どうなってるんだ⁉）

村田さんは頭上を見上げたままぐるぐるとその場で回転する。懐中電灯は消えたまま戻らず、視界はない。

ガサガサと、スギの木の頼りない枝ぶりが揺れるのが分かる。

老婆は枝を伝って、頭上を飛び回っているのだ。

（普通じゃない）

村田さんは及び腰で逃げ出した。

真っ暗闇でも訳も分からなくとも、とりあえず逃げるしかない。遠くの街明かりが夜空を照らすのだけが頼りだ。腕で樹を探り、それを避けて進む。

「あとは足の裏の感覚だねえ。地面の勾配で地形を覚えているっていう」

少し離れると、また懐中電灯の明かりが戻った。

それを頼りに真っ暗な森を走る。

否が応にも鋭敏になった感覚で、音と気配が確かに頭上を追ってきているのを感じた。

追われている。

とにかく車を目指す。

漸く道らしきもの——県道の黄色い反射板が見えてきた。

(もう少し、もう少しだ)

そのときまた頭上が騒がしくなった。

思わずそちらを照らすと、老婆がいた。

老婆の眼は懐中電灯の光を跳ね返しているのか、爛々と輝いていた。


「何とか車まで戻って、川向こうのキャンプ場まで飛んで返したよ」

彼はとにかく他人を求めて、管理人室に飛び込んだという。

管理人は怪訝そうにしつつも、熱いお茶を入れてくれた。

村田さんの話を聞いても、決して正気を疑うことなく「大変だったね」とだけ言った。

夜浅かったこともあり、酒呑みの先客達もまだ起きていた。

「『熊でも出たのか』って言われて。見たら、枝やらで切ったんだろうな。俺、身体中葉っぱだらけ、擦り傷だらけで」

翌朝彼は野営地に戻り、置き去りにした道具を片付けた。

残りの食料などは手つかずだったが、スマホと缶、グラスとランプなどのツルツルした表面にべたべたと指紋が残っていたそうである。

「俺のじゃないよ。全部拭いちゃったし、誰のものかなんて分からないけど――」

指紋は、明らかに一人分ではなかった。

大小様々で、最低でも三人分はあったという。

ソロキャンプ

浩二さんの御尊父が亡くなったのは二年前の冬のことだ。

持病が悪化し、入院して間もなくのことだったという。

「あっさりだったみたいで。享年六十五。まだまだ遊び足りなかったんじゃないかな」

亡くなるには早すぎた。

浩二さんの胸中は複雑だったそうだ。

御尊父は昔から遊び人で浩二さんは早くに母を亡くし、その後も一家離散状態。

辛うじて絶縁していないだけだったと語る。

浩二さんには兄が一人いた。

彼ら兄弟は離れて暮らしており、頻繁に顔を合わせていた訳ではないものの険悪な仲ではない。

「兄貴にも久々に会って、兄弟で力を合わせて頑張ろうってね」

彼らは揃って父の家に向かった。

主に遺品整理のためだ。

やることは山積みだが、いちいち感傷的にならなければ手続きは一週間も掛からない。

しかし、家の整理となるとこれは問題だ。

父は多趣味な人で、一人で暮らしていた生家には趣味のものが所狭しと並んでいた。

特にキャンプ道具だ。

「親父の奴、キャンプなんかやってたのか」

浩二さんがそう言うと、兄は「知らなかったか？」と答えた。

「昔、少しやってたんだ。最近また始めたみたいだな」

「アニメの影響？」

父が何を考えていたかはともかく、キャンプ仲間を見つければ道具を手早く処分できる。

「俺も兄貴もキャンプなんか趣味じゃないから。とにかく道具をどうにかしなきゃ家もそのままだし、ゴミに出したら金も掛かるし……」

兄弟は交友関係、領収書まで漁って亡き父のキャンプ仲間を探し出そうとした。

「でもこれが思ったより難しくて、誰に当たっても『キャンプなんか知らない』って。ひと月近く経って一人も見つからなかったんだ」

連絡先からキャンプ仲間を探すのは行き詰まった。

他の遺品は次々引き取り手が見つかったのに、山のように嵩張《かさば》るアウトドア用品がいつまでも取り残されてしまう。

最近利用したキャンプ場に連絡したが、どうも父は一人で訪れていたらしい。

「ソロキャンって——いよいよアニメか？」

兄は呆れたように言う。

しかしキャンプ道具の中には使い込まれたものもあった。ここ最近に始めた訳でもなさそうなのだ。

特にランタンの類は数がやたらに多く、煤《すす》けて酷く古いものが幾つかあったのが奇妙に思えた。

それと沢山のハンマーとナイフ。柄のところが黒く変色していて、こちらも使い込まれた感じがする。

それから沢山のアイスボックス。

一方でバーベキューセットなどはこぢんまりしている。なるほど、一人用と言えば一人用だろうか。

テントも二人用とはいえ小さいものだ。

更に薪と炭。

「薪やらはキャンプ場で借りるほうが多いらしいんだ。でもそれが常備してあるってことは相当入れ込んでいたみたいだな」

まるで熟練のソロキャンパー。

しかし更に別のキャンプ場に連絡すると、少し様子が変わった。

そこも一人で訪れていたらしいが、どうやら連れがいたらしい。

連れがいたのに、一人で訪れていた。

状況がよく分からない。

その連れについては知らないと言われてしまった。知っていたとしても教えられないのかもしれない。

彼ら兄弟は作戦を変え、パソコンから写真を洗ってみることにした。

「連絡先といっても、長いこと使った携帯で引き継ぎされたデータだもの。連絡付かない人のほうが多かったんだよ。履歴を当たっても、電話に出ない人もいるから。多少当たりを付けて重点的に掛からないと無理でしょ」

兄弟は父のソロキャンプ仲間を探すことに注力した。キャンプ道具を処分することよりも父の訃報をその人に報せなければという気持ちのほうが強くなっていたのだろう。

二人で写真を漁り始めた彼らはすぐにそれらしき写真を見つけた。

パソコンに取り込まれた写真は沢山あった。それでも日付ビューで領収書の日付を突き合わせればすぐに分かる。

キャンプに行った日は写真が多いが、その中でもとりわけ多い日がある。

そういう日の写真を選んで眺めているうち、彼らの間にちょっとした疑問が生まれた。

疑問はすぐ得体の知れない不安に変わり、兄弟は顔を見合わせた。

「――気持ち悪いって思った。何だこれ、気持ち悪いって」


そこに写っていたのは――無だ。

何も写っていない。

レンズキャップを取り忘れたとかではなく、像そのものは確かに写っているのだ。

テーマがない。というより、執拗《しつよう》に、被写体がない。

ただのキャンプ風景が、無数に写っている。

よくある失敗写真かもしれない。それが大量にあって、浩二さんは気持ちが悪いと思った。

「何故なのかは分からない。ただ下手くそな写真が山ほどあって――」

「親父ってこんな写真下手だったのか？」

浩二さんがそう訊くと、兄は首を傾げる。

家族写真などろくに残っていない。パソコン上に残っていた写真の殆どは、ちゃんとした構図で撮られたものだ。

だがその『気持ちが悪い』写真群はどれも、何を映しているのかまるで分からない。

切り株に立てた薪を遠巻きに撮り、焚き火はやや上を。

並べたランタンの間の何もない空間を主体にし、ピントは甘く。

バーベキューグリルはフレーム下部に見切れており、何を焼いているのかも分からない。

そういう写真が少しあるだけなら可愛げがあるが、そんなものばかりなのだ。

別の日も。

また別の日も。

まるでそこにいない誰かを嬉々として写しているようだ。

そのうちに彼は確信した。

（これってまるで――いや、『まるで』じゃない。そうなんだ）

これは、そこにいない誰かを写している。

「おいこれ見ろ」と兄が声を上げた。

一枚だけ、決定的な写真があった。その写真だけ、天地が逆だ。

プラスティックを燃やしてもこれほど黒い煙は出ないというほど黒い煙を纏った、おかしな人物の写真だった。

煙の中心で、体中の関節をあり得ない角度に曲げた女の写真。

まず顔が、上下逆様に付いているようだ。

写真を上下反転したほうが人間の顔らしく見える。事実その写真だけ、上下逆様に回転した状態で保存されていた。

その姿は操り人形のようだ。

それに気付いた瞬間、兄が「うっ」と声を上げた。

「兄貴がね、『この女知ってる』って言うんだ」

兄が小学四年生のとき、同居していた父に連れられて一度だけ行ったキャンプで会った女だそうだ。

浩二さんは初耳だった。

「どうも俺が祖父母の家に預けられていたときらしいんだけども」

時期的には、御母堂が亡くなって二年目の夏だ。

浩二さんが郷里に預けられ、当時既に小学校に通っていた兄だけが父上の元で暮らしていた時期があった。


兄上の語ったところによる。

三十年前のキャンプは、父兄二人だけで出かけた。

その女は、いつの間にかいたのだという。

紹介もされず、自己紹介どころか一言も言葉を交わすことはなかった。

女は無言でただ父に付き従う以外は何もしなかった。

一方で父のほうは楽しげに、その女に話しかけていた。

シュラフは三人分用意があったが、女はシュラフには入らずテントの隅で座っていた。

朝になってみても、三人目のシュラフはぺったりと凹んだままだ。

しかし覗き込むと、シュラフの中にその女の顔だけがあった。

今思えば、人が入って寝ている厚みには到底思えないと兄は語る。

年齢は当時の父と同じか、少し若いくらい。

今、写真の中の女は、生気がなく不気味で、年齢も不詳だ。

それでも五十、六十には見えない。精々三十代そこそこだ。

「小四だろ？　――三十年近く前だぞ。怪談かよ。おかしいだろ。適当なこと言うな」

浩二さんは思わずそう怒った。

どうしてその話を今まで黙ってたんだ、どうして今言うんだと詰《なじ》る。

兄は息を呑んでこう答えた。

「親父に言われたんだ。『この人の話は、絶対に誰にもするな』って」

「『浮気隠しか』って言ったんだけど、もうお袋が亡くなって暫く経ってたしなぁ。そのときどうして秘密にしようとしたのか、今となっちゃ分からないけど――」

写真の中で再会したその女を見て、兄は何かを納得したとも語る。

あんまり詮索するようなことじゃない、と兄が言い出し、彼ら兄弟は父の遺品整理を諦めることにした。

「キャンプ道具は、兄貴が貰うってことで決着した。俺も異論はない。一段落だよ」

その後、兄はソロキャンプを始めたようである。

「直接聞いた訳じゃないけど、SNS見てれば分かるよ。下手くそな写真付きで上がってると、ヒヤッとする」

今のところ変事はないという。

ギリギリ死なない

「北関東のね、廃墟ばっかりのところだよ。新しいカメラ持って」

マイ・ニュ〜・ギア〜、と北岡さんがテーブルに置いたのは出たばかりのフルサイズ一眼カメラ。

しかしこのカメラは、買ったばかりのもので彼がさっき話したものとは違う。

寂れた温泉街と呼ぶには寂れすぎていた。

廃墟の並ぶ風景をそれでも楽しみながら、北岡さんは奥へ奥へと入る。

少し道を外れれば、谷川を囲む深い藪だ。

「もう草の背が高すぎて。視界は利かないんだけど、川が近いのは分かる。こう、ザーッって音で」

時折ファインダーを覗きながら獣道を進んでゆくと、パッと景色が開けた。

遠くに、綺麗な着物を着た女性がいる。

「こんなところで何してるんだろう、だよね。思わず屈んで、夢中でシャッターを切った」

青い空。

幕のように広がる緑の草木はまるで彼女を目立たせる舞台の書き割りのようだ。

それを背に、鮮やかな赤い生地に金糸をあしらった着物の女性。

そしてその足下には、本当に舞台のように切り立った崖が広がっていた。

何かの撮影か。それとも旅館の人か。

いや、旅館の従業員や芸妓にしては着物が派手すぎるようにも思った。

そのまま何回かシャッターを切りつつ構図を選んでいると、吊り橋の支柱がフレームに入った。

女性は吊り橋の向こうにいるため、手前の岸に建てられた吊り橋の支柱が間に入ってしまう。

（吊り橋が邪魔だ）

観光用なのだろうか。人一人が通れるほどの粗末な吊り橋だが、そこそこしっかりしたものに見えた。

そのとき、崖の向こうの女性がこちらに視線を向けた。

――しまった。

そう思ったのだが、女性は特段身構えた様子もなく、それどころかファインダーの中で微笑む。

北岡さんはカメラを下げ、お辞儀を返す。


「吸い込まれるようってのはああいうのだろうなぁ。俺も思わず、あっち側へ行こうとしたんだよ。そのまんまじゃ盗撮みたいだからさ」


だから彼は吊り橋を渡り始めた。

無断で撮ってしまったバツの悪さもあるが、一応写真を確認してもらって許可が貰えれば儲けものである。

もしダメなら謝ってその場で消すつもりでいたし、あの美女と話せるなら別にそれでもよいという微かな下心もあった。

女性に逃げられないよう、片手を挙げ、自然な笑顔を作る。

足下で吊り橋はギシギシと揺れた。

見た目は新しそうなのに、文字通りキィキィギシギシと頼りない悲鳴のような音を上げて揺れる。

「おかしいなと思って掌を見た。そしたら錆で真っ赤になってて。見た目は全然そんなじゃないんだよ？」

おかしいと思った彼は、足下をよく見た。

新しいはずの桁の板に何となく違和感があったのだという。

「いやぁ何て言うか『違和感』だよ。板は板なんだけど、場違いっていうか。上手く言えないんだけど」

彼はもう、吊り橋の中程にまで進んでいた。

身を屈めて、吊り橋の床板、桁に並んだ板をまじまじと見た。

そのときだ。

カメラを提げていた太いストラップが何処からかブツリと切れて、しゅるると音を上げ
――板をすり抜けて落ちていった。

三十万円近いフルサイズデジタル一眼と十五万円ほどのレンズがだ。

桁の板のあったはずのところに、もう板はなかった。

振り返ると吊り橋の様子はまるで変わっていた。

桁はボロボロでそこらじゅうの板が抜け落ちている。

擦り切れたワイヤーは錆だらけで、とても人が渡れるようなものではなかった。

隙間だらけの桁の板から見える下の渓流までは恐らく十メートルちょっとかそこら。

突き出した岩々を荒々しく水が叩いていた。

あと一歩進んでいたら、北岡さんはそこから落ちていたところだ。

咄嗟に、反対岸の美女を見た。

美女はそこで、ずっと同じ笑みを浮かべてこちらを手招きしている。

(――やばい、あれは)


「ぞっとした。普通じゃないって思ったね。あれが――もしかしてこの世のモノじゃないのかもって」

彼は橋の上で、僅かに残っていた板を踏んで戻った。

自分が、全く幻覚のような吊り橋を奇跡的に中程まで進んでいた事実に戦慄してしまう。

「幸いっていうか、落ちても死ぬかどうかは微妙な高さ――ギリギリ死なないくらいの高さだったんだよね」

どうにか岸まで戻り、落ちていた「進入禁止」の看板を踏み越えた北岡さんが振り返ると、もう反対側にあの着物の美女の姿はなかった。

「似たような話、聞いたことあるでしょ？　カーナビに従って崖から落ちかけたとか」

確かに類話は何度か聞いたものだ。

「でもね、俺はカメラ落としちゃったし。何かそのままお化けのせいみたいに言われたくなくってさぁ」

彼の話はそこでは終わらないのだ。

それから少し経って、カメラを新調した北岡さんは再びあの吊り橋を訪れるようになっていた。

それも狙って、殆ど毎週のようにだ。

またあの美女を写真に収める――目的はそれだけではなかった。

「気になったんだよ。半分までは行けたんだ。もしかしたら向こうまで行けるかもしれないよな。俺はもう無理だけど、誰かがやってくれるかもしれない」

彼は待った。

あの場所を訪れる傍ら、ネットで廃墟温泉街の良さを広め、吊り橋のことは伏せてあの場所の写真も流した。

それで自分の代わりに誰かがあの美女を見つけて、あの吊り橋に挑むかもしれない。

もちろん、危険はある。

ギリギリ死なない高さだと彼は言うが、それは打ちどころや落ちる場所によって死ぬ確率が相当あるということだ。

「落ちたら死ぬかもしれないけど——まぁ、微妙な高さだ。誰かが落ちたら、もちろん助けを呼ぶよ？」

つまり彼が気になったというのは、あの日現れた美女の真意だ。

あの美女は怪談話のようにこちらを死に誘っているのか。落ちても死なずに済むのか。

或いは——吊り橋を渡り切れるのか。

彼は少し離れたところから望遠で吊り橋を狙っていた。

それまでも片手では足りないくらいの男がやってきては、吊り橋を見て去っていった。

通行禁止の看板を直してしまうような親切な人間もいた。すると北岡さんは再び降りて、また元通りに看板を壊す。

そのうちに、少数ながらおかしな動きをする人間がいた。

ある男が、崖の反対側に見えない被写体を見つけたかのように、ある一点に熱心にカメラを向けていたのだ。

北岡さんにはもう見えないが――きっとそこに美女がいるのだと分かった。

彼は吊り橋を渡り始めた。

(行け！　頑張れ！)

しかしすぐに気付いて引き返してしまう。

(惜しい――)

北岡さんは舌打ちした。

そしてまた別の日、遂にある男が吊り橋に挑んだ。

チェックシャツの太った男。

(あれじゃ吊り橋の板の間に引っかかるかもしれないな)

少し安心し、北岡さんは車を降りて近くまで行った。

物陰に身を隠し、カメラを構える。

「迷彩着てさ。俺はまるで戦場カメラマン」

太った男は、小刻みにお辞儀を繰り返しながら吊り橋を渡っていた。

今は後ろから見ているので顔までは見えない。しかし恐らく遠くから望遠で見ていたときと同じ、にこにこと人懐っこい笑顔を浮かべたままだろう。

自分もそうだったのだ。きっとチェック柄の男もそうだ。

傍から見ると異常な光景だった。

ボロボロの吊り橋を揺すり、太った男が何食わぬ様子で進んでゆく。

北岡さんはシャッターを切った。

「それがこれ」

北岡さんが出したタブレットの画面には、ツールバッグを腰に付けたチェック柄シャツの大男が吊り橋に挑んでいた。

次の写真では横顔がよく分かる。

確かに男は笑顔で、その視線は足下ですらなく、崖の向こうを見ている。

そこからは連写である。

足下の板を踏み抜き、男は笑顔のまま落ち始める。

カメラを空中に残し、男は落ちてゆく。

何が起きたかも分からないようだった。

五枚目で、男はフレームから完全に消えた。

北岡さんは暫く動けなかったという。

「助けようとは思ったよ。でもそこまで行って下見たらさ、流されちゃったのか、もういないんだよ。何処にも。携帯も圏外だったし」

遅れて吊り橋にまで辿り着いた彼は、下を見た。

そこにはもう、チェック柄は見えなかった。

すぐに崖の反対側を見ると、そこにあの美女がいた。

以前と全く変わらぬ様子で、にこやかに笑みを浮かべてこちらを手招きしていた。

「多分、俺はさ、取り憑かれてたんだと思うよ」

北岡さんはその後、その場所には行っていないそうだ。

しかし行きたくてたまらない気持ちはあるのだという。

カメラもそのために買い直した。

「前のカメラは連写に弱かったから。このレンズは六百ミリ望遠で解放Ｆ４だ。きっといい絵が撮れる」

ホルモン

「俺も肉捌《さば》いて出してたんだからな。五十年以上」

かつて堀さんは長く定食屋を営んでいた。

近くには川が流れ、牛や豚を満載した船が川を下って運ばれてきたそうである。

今ではもうそんな面影はない。

かねてより駅前にはもっと大きな食堂があり、明らかに繁盛していたのはそちらだったという。

「うちの常連は、そういう大食堂を出禁になった奴らだ。そういう話は回るからな」

今のようにファストフードが充実していた訳でも、チェーンの食堂が並んでいた訳でもない。

「大人しくて気のいい連中で、俺ァ息子みてえに思ってたんだ。決して喧嘩っ早かったわけじゃねえが、一度手が出るともう収まりが付かねえ」

喧嘩となると手が付けられない。

酔っ払いの喧嘩のように一方的に殴って終わったり、二、三発では済まなかった。

「ボロボロになるまでやるね。服なんかなくなって、どっちも素っ裸になって動かなくなるまでやるよ。考えられねえだろ？」

そうなると誰も手出しはしない。

堀さんも「表でやれ」とも言えない。表でなどやられては尚困るのだ。

「どっちも動かなくなって、漸く運び出されてく。そっから来ねえって奴も片手じゃ足りんな。ま、もっとも、昼の間は、だ。夜になると戻ってくる」

昼見なくなった客が、夜戻ってくる。暖簾《のれん》を下ろした後にだ。

夜、調理場に立って仕込みを行っていると、不意にカウンターの向こうのテーブルに座っているのだそうだ。

「『何処から入ってきやがった！』って怒鳴ったがな、何も答えねえ。そりゃそうだ。あいつらもう、この世のものじゃねえもの。あいつらにだって分からねえよ」

理屈を超えたところで、堀さんにはそれが分かった。

「そりゃ最初のうちは魂消《たまげ》た。ひでえときゃ、戸開けて調理場に下りたらもういるんだからな。ズラーッとカウンターに並ばれた。恨めしそうな顔でな。それでも一時間するかしねえかのうちに勝手にいなくなる」

毎晩ではなく、数カ月ないことも数日連続することもあった。

堀さんも慣れるまでは肝を冷やしていた。

さすがに半年もすると慣れてきた。

「慣れてくるとな、まぁ折角死んでも飯食いに来てくれるんだからと思うようになった。恨めしそうな顔ってこたぁ、腹が減ってる顔なんだよ。でも奴らは注文に来ねえ」

彼はテーブルに行って、何が食べたいか聞くことにした。

とっくに陽が落ちた飯屋の暗い客席だ。

カウンターの向こう、調理場の明かりだけ。

「『注文は?』と訊いたら、『ニク』だとよ。それだけ。『あんたは?』と訊いたらそいつも『ニク』。揃って『ニク』って言いやがんの」

ニク。

肉といえばその店では豚だった。

角煮は仕込むところだったので、作り置きのチャーシューを薄くスライスし、「これ食ってはよ成仏しろ」と提供する。

だが客達は、誰も手を付けようとしない。

「『何だ違うのかよ』って怒ったんだよ。そしたら『ウシ』って言うんだ。参っちまったよ。牛肉なんかありゃしねえ」

当時、その店に牛肉を使うメニューはなかった。

料理人仲間にそれとなく相談したところ、牛筋煮込みなら出ると言われた。

居酒屋で出す料理だ。手間も掛かると敬遠していた堀さんだったが盲点を突かれたようでもあり、勉強してメニューに加えるようにした。

牛筋煮込みは、昼に来る普通の客には受けた。

夜間現れるお客にもだ。

堀さんはずらりとテーブルに着いたお客に、無言で煮込みを振舞う。

厨房に戻った彼が仕込みを終えて振り返ると、テーブルにいた客達はいなくなっていた。

皿の中身は綺麗になくなっている。

暗がりで、この世ならざる客達は牛筋煮込みをつつき、汁まで平らげて消えていったのだ。

成仏してくれよ、と堀さんは手を合わせた。

「ところが、成仏するどころか客の数が増えちまった。見たことのねえ奴まで来る始末だ」

夜間の客は金を払わない。

　それを数年続けるうち、段々牛筋煮込みが捌《は》けないようになってきたという。

「飽きがきたのかねぇ。死んでる癖に、何だよって俺ァ頭抱えちまったが」

　堀さんは、初心に戻って注文を聞くようにしたのだそうだ。

「『煮込みじゃねえなら何がいい？』って訊いたら、今度は『モツ』だって言うんだよ。モツなんか市場にもねぇ」


　当時、ホルモンやモツといった牛の内臓を食べる文化は一般的でなかった。

　堀さんは、市場関係者に当たったがホルモン類を扱うところは見つからなかった。

　渋々少しだけ卸してくれるという業者もあったが、牛の内臓は様々種類があって堀さん自身どれがいいのか選びようがない。

　そこで彼は、昼に来る客を頼った。

　客は面食らって取り合ってくれなかったが、熱心に頼むうち「そんなに食いてぇんならオヤっさんに持ってきます」と言ってくれた。

　翌週約束通り受け取ったものは下処理済みの牛の大腸だ。

　どうしたものかと堀さんは思ったが、網焼きにしても煮てもいけるらしい。

「まぁどんなもんかと思って食ってみたけど、好かないね。未だに食えんわ」


その夜、またこの世の者でない客らが店に現れた。

カウンターからそれを眺めて、堀さんは「おやっ」と思う。

またこの日、珍しく女の客人もいたのだ。

「そっちの娘っ子は？　嫁か？」

そう訊くと、二十二歳でこの世を去った若者は、照れたように頷いた。

「あっちで捕まえたのか？　隅に置けねえなコノヤロ」

祝いだ喰え、とばかりにモツの煮込みを振舞う。

堀さんは趣向を変え、空の皿だけをテーブルに出し、大きな鍋を抱えてサーブして回る。

彼らは喜んで食った。


「あの世で所帯持ったのかねぇ」

その日を境に、夜の客は一人、また一人と減っていった。

彼らは成仏したのだろうか？

「どうだろうな。こっちが聞きてえよ」

街にはサラリーマンが溢れていた。

もう家畜を満載した船が川を下ることもなく、川沿いには綺麗なマンションが立ち並ぶ。

「時代が変わっちまったんだよ」

幸い、堀さんはその場所で長く商売を続けたそうである。

あとがき

皆様、いつもありがとうございます。

毎年の「超」怖い話です。デビューしてから何年が過ぎたのでしょうね。

でも心はいつも新人のまま。或いは成長してないとも言います。

粗食で鍛えろ！　ってことで誰もまだ踏み固めていない場所で頑張るのが良いのかも。


さて。今回は取材した〈とある実録怪異譚〉に関して、決めていたことがあります。

〈ギリギリまで体験談を聞き、できうる限り文字化する〉です。

個人的には短くて、サクッと不思議ー！　みたいな実録怪異譚が大好きなのですが、この〈とある話〉はどうしてもギリギリまで取材して書くべきである、と判断しました。

本書のどの話であるかは、お読み頂けたらお分かりになると思われます。きっと。

是非、じっくりとお読み下さいませ。

久田樹生

あとがきという名の駄文

本年もまた、「超」怖い話の季節がやって参りました。

夏の暑い盛りに読む怪談も良いですが、やはり冬の激しい寒さの中、炬燵にとっぷりと入りながら愉しむ怪談は格別です。ところで、私が初めて参加したのは、二〇一〇年一月発行の『「超」怖い話Π《パイ》』だと記憶しています。ということは今回の『「超」怖い話 丑』で、超怖に魅入られてから、今年で無事十周年を迎えて十一年目に突入したわけであります。ひとえに、貴重な話を託していただきました体験者並びに皆様のお陰です。それは重々承知しておりますが、それにつけても、ただ怪談が好きでしかなかった私のようなものがここまで続けられるとは、まさしく曰く不可解なのです。

今回もまた新たな恐怖を皆様にお届けできる僥倖に恵まれたことを、嬉しく思います。

それではまた、元気な姿で皆様にお目に掛かれる日を手薬煉《てぐすね》引いて待っております。

渡部正和

あとがき

疫病が蔓延しております。

また寒波も厳しく、色々な点でいつもと異なる新年を迎えられたことと思います。

皆様どうか御安全に、くれぐれも防寒・防疫をお忘れなきようお過ごし下さい。

怪談書きとしましては思う様に取材ができなくて本当につらいです。まぁ元々「思う様に」なんていかないものなのでそれはいいのですが、交友関係だけあってもちょっとした雑談ベースが失われてしまうと僕などはどうしていいか分からない。

そもそもが熱心に取材取材、というタイプではないから、日々どうやって雑談を確保するかは結構深刻です。

ああ、世間話がしたい。皆様にもきっと同じ気持ちの方、いらっしゃいますでしょう。

変な話、そんな皆様に寄り添う怪談を出したい。寄り添いつつ、そっと爪先を踏むような、そんな怪談を。

では、また。

深澤 夜

百箇日《ひゃっかんち》を前に

　これまで自分の身内のことについてはあまり書いてきませんでしたが、昨年晩秋、『恐怖箱 心霊外科』に取り組んでいる最中に父を亡くしました。年初から入退院を繰り返していたこと、癌を患っていたこと、平均寿命を大きく越えた高齢であったことなどから、薄々覚悟を決めてはいました。とはいえ、大病は抱えてはいたものの新型コロナ感染はなく、最期は就寝中に心停止し、眠ったままその生を終えました。年相応の病を得てはいましたが、最期の瞬間は大往生に近い安らかなものであったろうことが救いではあります。

　他方、昨今のコロナ渦中にあって病院は厳戒態勢で、五十数年連れ添った老母が亡父の最晩期と臨終の間際に立ち会えなかったことだけが残念でなりません。

　実話怪談は人の生死と不可分な逸話を扱う機会が多くあります。この三十年間、幾度となく人が死ぬ、或いは死んだ後の逸話に触れてきましたけれども、人の死は斯く軽く触れていいものではないことを、亡き父から今さらながらに教わり、思い知らされました。

　しかしながら、今後もまた、死を越えた先からの訴えを拾い記していく所存です。

二〇二一年 初春　　加藤 一

本書の実話怪談記事は、「超」怖い話 丑のために新たに取材されたもの、公式ホームページに寄せられた投稿などを中心に構成されています。
快く取材に応じていただいた方々、体験談を提供していただいた方々に感謝の意を述べるとともに、本書の作成に関わられた関係者各位の無事をお祈り申し上げます。

「超」怖い話公式ホームページ
http://www.chokowa.com/
最新情報、過去の「超」怖い話に関するデータベースなどをご用意しています。

「超」怖い体験談募集
http://www.chokowa.com/post/
あなたの体験した「超」怖い話をお知らせ下さい。

「超」怖い話 丑

2021年2月4日　初版第1刷発行

編著者　加藤 一
共著　久田樹生／渡部正和／深澤 夜
カバー　橋元浩明（sowhat.Inc）
発行人　後藤明信
発行所　株式会社　竹書房
〒102-0072　東京都千代田区飯田橋2-7-3
電話03-3264-1576（代表）
電話03-3234-6208（編集）
http://www.takeshobo.co.jp
印刷所　中央精版印刷株式会社

定価はカバーに表示しています。
落丁・乱丁本は当社までお問い合わせください。

ISBN978-4-8019-2536-6 C0193